Heart Metta™

Live your true self with joy
Sandra Itenson Sweetman

ハートメタ

喜びとともに真実の自分を生きる！

サンドラ・スウィートマン 著
丸山 康恵 監訳

ナチュラルスピリット

ハートメタ——喜びとともに真実の自分を生きる！

推薦の言葉

私は最近、２０１６年ＩＳＳＳＥＥＭ学会にて、サンドラ・スウィートマンのハートメタ（Heart Metta™）入門講座を受ける機会がありました。その後、個人対面セッションを受け、インターネットでのセッションも受けました。サンドラは、生まれつきスピリチュアルな直感力のある人たちの内の一人であり、彼女に助言を求める人々に対して、最高で最も深いスピリチュアルな真実を説き、提供し、またそのときその場での特別な瞬間に必要なレッスンをします。彼女の直感的洞察力は、私にとって内なる叡智を認識することやこの世界に存在する真の私自身を現実化する能力対しての著しい疑念や障害を切り開くものとなりました。彼女のユニークなメソッドは、生体エネルギー論とまさしく「神が与えた」直感的な能力がブレンドされています。彼女は「本物」であり、私はすべての方に条件なしで、彼女の講座やコンサルを受けることをお勧めいたします。

ホリス・Ｈ・キング（Hollis H. King, DO, PhD）
オステオパシィー医療医師・博士
カリフォルニア大学サンディエゴ校医学部統合医療センター
家庭医療臨床学教授

子どもの頃から、私はある星からやってきたと感じていた。

著者からのメッセージ――幸福の状態へと戻っていくこと

仮にあなたが、今から通りへ出て行って、最初に出会う人に「夕べ、あなたが取り組んでいた問題は解決しましたか？」と訊いたとしましょう。

可能性として、その人はおそらく、自分が経験しているチャレンジについてだったらあなたに語ることができるでしょう。

どうやら地球上の誰一人として、何かしらの問題から免除されることはないようです。どうして地球は問題を抱えた人々であふれているのでしょうか？

最も特権的な地位にいる人たちでさえ、彼らの深い悲しみの分配を受け取っています。

あなたは、「私はここで何をしているのだろう？」「人生の意味は何？」「いつになったら自分が欲する人生を生きることができるのか？」などと自分自身に問いかけたことがあるかもしれません。

私たちは、私たち自身のすべての責任を取り始めた時代を生きています。これは私たちの幸福はもちろん、深い悲しみに対するすべての責任ということを意味します。

あなたが高次の存在（神と呼ぶ人たちもいます）を信じていたとしても、単に人生を科学的な実験として見ているとしても、私は、あなたの人生により多くの平和と喜びを見つけ出すためのガイドとして、この本をあなたに提供します。

幸せと喜びへの道は、オープンハートを持つことです。

興味深いことに、世界の言語の中には、すでにそのことを示しているものがあります。たとえば、広東語でハッピーは「hoi sum（ホイサム）」、そして中国標準語では、「Kāixīn（クァイシン）」と言い、両言語同じ漢字で「開心」と書いて幸せ＝オープンハートを表しているのです。

私はそれを「ハートメタ（Heart Metta™）」と呼びます。

この本を通して、私はあなたをオープンハートの発見へと誘《いざな》います。

そして、オープンハートに耳を傾け、あなたの内なる叡智にアクセスすることで、もしかしたらあなたも、あなたとすべてのものとのつながりに、そして私たちみんなのワンネスに気づき始めるかもしれません。

祝福を

２０１８年２月

サンドラ・スウィートマン

はじめに

喜びに満ちあふれた人生を送りたい！
もっと自分らしく生きてみたい！
心身ともに健康でいられる日々を送りたい！

この地球において、私たちの本質的な在り方は調和のとれた人生を楽しむことです。

大人になるに従い、今ひとつ行動を起こす勇気が出せなくなった。
過去の失敗がトラウマになっていて、前へ進むのが怖い。
辛い出来事から立ち直れずに、苦しい日々を送っている。

など、望み通りの人生を送りたい自分がいるのをわかっていながらも、一方で、この世界で生きることにもがき、苦しんでいる人が多いのも事実だと思います。

しかしながら、あなたには本来、自分が望んでいることを手にする選択も自由もあるのです。

そして、自分の願望を実現する人生を送ることは可能なのです。

あるひとつのことがクリアになれば。

その答えこそ、あなたの〝ハート〟にあるのです。

ご存じのように、ハートといえば心臓のことを指しますが、日本人の皆さんには、日本語の「こころ」という言葉の方がしっくりくるかもしれません。

たとえば、あなたも恋をしたりすると胸のあたりがキュンとしたり、悲しいことがあると胸が締め付けられるような感覚をこれまで何度か体験したことがあるのではないでしょうか。

そんな感覚がハートからの〝真の声〟なのであり、それこそが、あなたの本当の気持ちなのです。

とはいえ、そんなハートが教えてくれる本当の気持ちを隠したり、表に出さなかったり、遠慮をしてしまったり、あるいは、その気持ちを打ち消しながら日々生きていたりします。

だから、もし、あなたが自分らしい生き方や本当の自分を探しているのなら、あなたのハートの扉を開けばいいのです。

そして、ハートをオープンにしたあなたが高次の存在のエネルギーと共鳴することができたときに、〝真実のあなた〟に戻れるのです。

あなたが、あなたのハイヤーセルフとアライメントし（軸を揃えて並び合う）つながることは、あなたが自分に対してもっと自信を持つことを支援してくれます。

そう、あなたのハートから、あなた自身の〝変容〟がはじまるのです。

それでは、いったい、どうやってハートを開けばいいの？

そんな疑問を持つ人も多いのではないでしょうか？

「ハートを開く」という言葉はとてもシンプルですが、少し抽象的でもあり、具体的にイメージがわかない人もいるかもしれません。

そんな人たちに、この本、『ハートメタ（Heart Metta™）――喜びとともに真実の自分を生きる！』をお届けしたいと思っています。

ハートメタの「メタ（Metta）」とは、パーリ語で「慈愛」を意味する言葉です。

また、「メタ」とは「メタモルフォシス（metamorphosis：変容）」、つまり、「変容する」という英語の単語を短くした言葉の意味も込められています。

このハートメタは、私がこれまでセラピストとして数十年もの長い年月をかけて習得をしてきた、さまざまなスピリチュアルの教えやエネルギーワークを集大成させて生まれたひとつのメソッドといえるでしょう。

ハートメタの効果やハートメタが人生にもたらしてくれることについては、今から詳しくは本書を通してお伝えしていきたいと思います。

その前に、まずここでハートメタの特徴を一言で述べると、「ハートメタは、あなたが自分の深い部分とつながることで変容できるようにし、そして細胞レベルで癒しが起こるメソッド」です。

私は現在、「ハートメタ」を私の母国であるカナダ、そして私が育った場所、香港をはじめとするアジア各国、ヨーロッパなど世界中を廻りながら伝えているところです。

その中でも日本は、ハートメタ認定プラクティショナー育成の活動がスタートした特別に思い入れのある国です。

ハートメタについて記したこの本も、最初に日本で出版することができたことにも、私は日本との縁を感じています。

今でも思い出すのは、最初に日本に降り立ったとき、私はこの国全体の集合意識が人々に対する思いやりの意識に満ちていると感じて、とても感銘を覚えたものでした。

たとえば、あの東日本大震災の際に、津波の被害を受けた土地の人々の行動などが海外のメディアなどで称賛されていたのも、まだ記憶に新しいのではないでしょうか。

被災地の方々は、大きな被害を受けたにもかかわらず、お互いが思いやりの精神にあふれ、忍耐強くお店の行列に並んでいました。

そして、スーパーやコンビニでは自分だけでなく他の人にも商品が行きわたるように買い占めなどせず、被害の後の土地にお財布や貴重品があれば警察に届ける、などという行為も当然のように行われていました。

私は、この大惨事を通して日本の人々が示したやさしさやお互いをサポートしあうということにとても感動しました。

ハートメタの「メタ」は慈愛という意味であることはご説明しましたが、私たちは慈愛という精神を自らが知ることで、初めて他の人にもやさしくなれたりするものです。

そうでなければ、他の人へのやさしさなども形だけのものになってしまうでしょう。

そういう意味においても、ハートメタの初めての認定プラクティショナーが日本で誕生したことは、私にとってはまったく不思議なことではありませんでした。

私個人の経験から、日本の人たちは集合意識のレベルで慈愛という概念を理解していると感じています。

そしてなんといっても、世界中のいたるところのすべての人々には、自分の望む人生を送る価値があります。私は、ここ日本と世界中の人たちにとって、その支援となるハートメタを提供できることについて幸いに思います。

現在、キャリアや人間関係、パートナーシップ、家族の問題などさまざまな問題を抱えている人にとって、ハートメタはその現状を打破して前へ一歩進むための有効なツールであると信じています。

さあ、私と一緒に真実のあなたに戻る旅路を今、ここからはじめていきましょう。

サンドラ・スウィートマン

ハートメタ——喜びとともに真実の自分を生きる　目次

第2章 ハートメタとは?

第3章 ハートメタがもたらす癒し

第4章

ハートメタをもっと理解するために
――ハートメタを知るためのガイダンス

第1章

ハートメタに出会うまでの私の旅路《ジャーニー》

子どもの頃から、私はある星からやってきたと感じていた

「小さな頃から自分が周囲の子たちとはどこか違う、ということを感じていました」

これは、世間ではヒーラーやサイキックなどと呼ばれて、スピリチュアルの世界に生きている人の多くが自身の子ども時代のことを語るときによく出てくる表現です。

実は、この私も小さい頃には、まさにそんなことをよく感じていた一人でした。

私の場合は、子どもなりに、自分がどこかグラウンディングできていないという感覚が常にありました。自分自身がこの世界で物理的に身体を持っている存在であることはわかっていながらも、自分が肉体を越えた存在であるということを、いつもどこかで感じていました。

たとえば、思い出すのは8歳の頃のこと。

私は、自分の部屋にいながら自分自身の身体を離れて宙に浮き上がり、下の方で自分が洋服を着替えている姿を俯瞰しているという不思議な体験をしたりしていました。

そんな感覚は、実は私にとっては日常茶飯事の出来事でもあったのです。

そして、どちらかというと、友達と騒いで遊ぶよりも、想像の中で自分だけの世界を創って生きている、そんな子だったように思います。

また、自分自身では上手くは説明できないけれど、私は自分が地球以外のどこかの星からやってきたとなぜか信じていたし、他の皆も同じように他の星からきた人たちだと感じていました。

そんな子ども時代だったので、普通だったら親からも〝ちょっとヘンな子〟と見なされてしまい、現実の世界とのギャップに苦しんだりして、生きづらさを感じたりしたのかもしれません。

見えない世界とコンタクトする母親の元で育つ

けれども、私の場合は例外でした。

それは、私の母親が見えない世界と通じている人であり、普段からこの世を去ったスピリットたちとも普通に会話をするような人でもあったからです。

それは彼女にとっては、当たり前のことでした。

そんな母親だったので、あえて〝サイキック〟などという言葉で自分を表現することもなかったし、そのような言葉で自分を特別視するようなこともありませんでした。

私がまだとても若かった頃、よく母が私に「亡くなった人や高次の存在たちの気配を感じるとき、あなたの産毛が逆立つとか鳥肌が立てば、それは本物だとわかるわよ」と話してくれました。

そして実際に私にもそんなことが起こったのです。

初めてそれが起きたとき、私は自分の顔の産毛までもが逆立ったことを覚えています。

私は自分の顔がそんなに毛深かったなんて知りませんでした。

そんな環境の中で育ってきた私は、自分が持って生まれた性質を無理やり抑え込んだりすることもなく、ただ、〝ありのままの自分〟としてのびのびと成長することができたのでした。

初めて〝見えない世界〟を体験

見えない世界を、自分なりに確認したのは16歳の頃でした。

それは、従姉と「ウィジャボード」という降霊術のゲーム遊びを興味半分で試したときのこと。

そのゲームは、ボードが勝手に動いて、言葉や単語の綴りが示されるというものでした。

ゲームを始めると、ボードがひとりでに動き出したので、私は目を閉じて「あなたは誰ですか？」と質問しました。

その返事として、スピリットがウィジャボード上に綴った文字を、目を開けていた従姉が声に出して読み上げました
するとそれは、バイク事故で亡くなった私の知り合いの男の子の名前だったのです。

このスピリットが本当に亡くなった私の知り合いなのかを確かめるため、私は、やはり目を閉じたまま、次にこんな質問をしました。

「亡くなったとき、あなたは誰と一緒にいましたか？」

その答えとして目を開けていた私の従姉が読み上げたのは、実際にそのバイク事故に遭

った別の二人の名前だったのです。

私はそれにとても驚かされました。私の従姉は、スピリットとして来ている彼のことはもちろん、他の二人のことなどまったく知らなかったのですから。

私しか知らないはずの三人の名前がボードに綴られ、そのスピリットの存在が本物だと証明されて、見えない世界が実際に存在することを学びました。

そしてこのような遊びで質問するときに答えをくれるのは、遊び好きな10代のスピリットであることが多いというのもわかりました。

それ以来、私はそのボードゲームに一切触れることはありませんでした。

理学療法士になる

それから何年もかけて、私は見えないエネルギーとつながるもっととても効果的で安全な方法を確立し、有効なフィルターを設けて１００％純粋に光と愛のエネルギーのみとつながれるようになりました。

そして、このようなオーセンティックな（真の）形而上学的な経験もしましたが、私は他の普通の人たちのようにありたいと願うようにもなりました。

そんな私にも、将来の道を決める時期がやってきました。

私は11歳のころから理学療法士になることに興味があったので、それを自分の最初のキャリアとすることに決めました。

サイエンスにグラウンディングしている（地に足をつけている）ということで、このキャリアを進路として選んだのです。

私が仕事においてフィジカル（理学・物理的なこと）を卒業してメタフィジカル・セラピー（形而上学療法）へ移るのは、かなり後のこととなりました。

理学療法士としての訓練を積むようになると、人間は癒しのエネルギーというものを潜在的に持っているということを徐々に理解するようになってきました。

それは、学生として理学療法の研修を英国で受けていた20歳前後のときのことでした。

私は、トレーニングの一環で患者さんに向けて、ブリージングエクサイズを行っていました。

担当する患者さんの身体に手を当てていたら、その患者さんから「あなたの手からは、ヒーリングエネルギーが出ているよ」と言われたのです。

その頃はまだ、自分の持つ性質や能力についてまったく気づいていなかったので、正直、「彼は、何をバカなことを言っているの!?」と思いましたが、その後、何年も経ってから彼が言っていたことの意味を理解しました。

その後は、理学療法士としてのキャリアを積む中で、特に障害のある子どもたちのために力を注ぐことになりました。

それから結婚して二人の子どもに恵まれました。

けれども、小さな子どもの母親をしながら、特別なニーズのある子どもたち相手の理学療法士を続けるのは、よりチャレンジングなことでした。

さらに、仕事を通して小さな子どもたちがどのように発達し成長していくのかを見てきたので、我が子が発達していく様子をもっと一緒に時間を過ごしながらそばで見ていたい、それを見逃したくないという思いが沸き、理学療法士の仕事は辞めることにしました。

エネルギーワークとの出会い

それでも、やはり、プライベートでは自然療法に興味を持っていて、自分なりに探求を続けていました。

私は、「薬草学《ハーバロジー》」「虹彩学《イリドロジー》（眼球の虹彩を観察することによって、身体の健康状態を分析するもの）」「アロマセラピー」「筆跡学」「占星術」などを含めた多くの補完医療や形而上学のメソッドを探究しました。

そして、そんな私が、ついにエネルギーワークと出会うときがやってきました。

それは、「セラピューティックタッチ」を学びはじめたことです。

このセラピューティックタッチがきっかけとなり、その後、私はエネルギーワークを使いはじめるようになったのです。

セラピューティックタッチとは、ご存知の人もいるように、「手かざし療法」という言葉でも知られています。

セラピューティックタッチでは、プラクティショナーが自分の手からクライアントへエネルギーを伝えることで、クライアントのエネルギーフィールドを修正します。

実際に私もクライアントの身体に手をかざしてスキャンしていると、その人の痛みや不快さを自分でも同じように感じるようになってきました。

そのとき、私は自分が改めて「エンパス（共感力者）」であることを知ったのでした。

そして、そこから、エネルギー療法というものに興味を持ちはじめると、私は「レイキ」を本格的に習得することにしました。

突然訪れたアウェイクニング体験

多くの人が望むかもしれないアウェイクニング体験も、私にとっては少し違ったものになりました。

ある日、私は、想像を絶するようなある衝撃的な体験をすることになったのです。

それはすでに、理学療法士を辞めて数年が経ち、レイキもマスターレベルになっていた頃です。

その体験とは、この物理的世界の理解の範囲を越えた、ひとつのアウェイクニング体験とも言えるものでした。

レイキでは、「シンボル」と呼ばれるものを使うことがあります。

その中には、「マスターシンボル」と呼ばれる「大光明《だいこうみょう》」のシンボルが存在します。

ある日、レイキのトレーニング中に、先生の誘導で瞑想をしているときにそれは起こりました。

瞑想中に、私は自分の身体全体がピクセル（画素）でできていてひとつひとつの単細胞（セル）の中には金色の大光明のシンボルがある、というイメージを目にしました。

それはとてもパワフルでした。

第三の目が完全に開き、ありとあらゆるすべてのものが見えて、すべてのものが聞こえてくるという究極の状態は、すべてについての情報に溢れている感覚でした。

私は、その感覚にただただ圧倒されてしまいました。

そして、その体験は、その一瞬だけのものではなかったのです。

すばらしいだけではないアウェイクニングな状態

なんと、その状態はその後、数か月間も続くことになったのです。

その頃はまだ、自分の中でその状態をどう自分が受け止めていいのか、どのようにコントロールすればいいのかがわからない時期でした。

そんな私だったので、一度にたくさんの情報が自分の中に流れ込んでくることに、困惑するばかりでした。

それはたとえば、あらゆる種類のエンジェルたち、あらゆる種類のガイドたちが、一斉に私に話しかけてくるような状態だったのです。

それは多くの人たちが素晴らしい体験と思うかもしれませんが、その一方で、私が対処できることをはるかに超えた、私が求めたことではないような体験でもありました。

なぜならば、その状況は私にとっては、ある種カオスに近いものでもあったのです。

たとえば、家族と一緒に家のリビングでTVをつけてある番組を観ていたとします。

そんなときでも、あらゆる高次の存在たちから、観ている番組の内容について次々とコメントを聞かされるのです。

たとえば「違う。この情報は間違っている。本当は○○○○だ」というような具合に、あらゆる高次の存在たちが、絶え間なく私に語りかけてきたのです。

その状態は、いわゆる、ハートが開いたことで見られる美しい世界ではありました。

しかしながら私は、すべてを見たり、聞いたりしてしまうことを望んでいるわけでもなかったのです。

ある日、そんな日々に、戸惑いながら日常生活を送っている私の様子を見ていた夫がこう言いました。

「君が、優美な世界に居るのはわかる。しかし、私たちは現実離れをしてはいけないんだよ」

そのひとことは、あちらの世界ではなく、こちらの世界にグラウンディングすることの大切さに気づかせ、バランスを取り戻させてくれました。

そのとき、私の一部はどこか他の所へいってしまっていた、ということを理解しました。

そして、すべての自分のパーツをこの世界にいる自分のもとに戻すことが大切であると知ったのです。

実際に、ハートが開いた状態で垣間見る素晴らしい世界は、きちんとグラウンディングしながら受け取ることだって可能でしょう。

当初は、そんな生き方がまだまだ私には難しかったのですが、この体験をきっかけに、その後は、適切なフィルターを持つことができるようになりました。

そして、あちらの世界とつながり、さらにあちらの世界とのつながりを断つことなくこちらの世界にも居続けることができるようになりました。

すると、バランスの取れた日常生活も戻ってくるようになりました。

現実の世界できちんと生きていく大切さ

あちらの世界の領域とつながりを持つことは素晴らしいですが、私たちは、こちらの世界で生きているということが大切です。

かつて、ゲストスピーカーとして招かれた集会で、ある人から「どうやって両方の領域に立っているの？　すごいわね」と訊かれたことがありました。

そのときは、「私はこんな風に創られているから、この方が簡単なのよ」と答えたものです。


その後自然と、こちらの世界に二本の足で立つことがチャレンジングであると感じることなく、そうすることができるようになりました。

私たちは完全にグラウンディングしたまま、同時に見えない領域とつながることも可能なのです。


また、そんな体験をした私だからこそ言えることがあります。

それは、今の世の中で医学的に精神疾患と誤って診断が下されているような人たちの中には、他の領域の人々、たとえばスピリットや高次の存在たちの声を聞いている人もいるのかもしれないということです。

だから、その人たちは、本当は精神を病んでいるわけではないケースもあるかもしれません。

しかし、そんな人たちは、あちらの世界と接していて、こちらの世界とのつながりを失ってしまい、きちんとグラウンディングできていないことが問題かもしれません。

ですので、しっかりグラウンディングをして、現実の世界と完全につながっていることはとても重要です。

私自身も先述のような思わぬアウェイクニング体験をしたことで、私もその後、ヒーラーになって以降は、グラウンディングしていることの大切さに加えて自分のエネルギーフィールドをクリアする大切さも常に意識するようになりました。

私にとってのアウェイクニング体験は、そんなことを学ぶいい機会になったのです。

スピリチュアルの学びを深める

さて、その後、私はさらに総合的にスピリチュアルの学びを深めていくことになりました。

ある日、「アイシーム（ISSSEEM：International Society for the Study of Subtle Energies and Energy Medicine）」というサイエンスとスピリチュアリティーの橋渡しを目指す世界的な団体が開催する学会に参加したときのことです。

この学会に参加した当時、私の身体はドクターたちが見極めることも診断することもできない健康状態が何か月も続いていました。

そしてその学会でサトル（微細な）エネルギーやエンジェルに関するセミナーなどを開催していた人たちと出会い、その翌日、彼らの個人セッションを受けることにしました。

するとそのセッション中、彼らは私のオーラのどこからエネルギーが漏れているのかを見ることができて、その問題を修正することができたのです。

オーラを修正することで私の体調はすぐに改善し、翌日にはもう問題が無くなっていました。

このことが私を、何がサトルエネルギーやオーラへ影響を与え、それが身体にまで及ぶのか学びたい、という気にさせたのです。

40代前半の頃は、とにかく、あらゆるヒーラーの門を叩いた時代でした。

それは、まさに自分自身の発見でした。

けれども、面白いことに、新しいことを学べば学ぶほど自分がすでにそのことを知っていた、という感覚を覚えるのでした。

つまり、それらは初めて学ぶというよりも、忘れていたそのことを思い出す、という感覚でもあり、内側で眠っていた叡智が再びあるきっかけで目覚めはじめた、といえるようなものでした。

もちろん、この内側の叡智は私だけが持っているものではありません。

皆さんも同じようにそれぞれの内側に眠らせているものです。

今、私が皆さんに教えていることも、皆さんが忘れてしまった内側にある記憶を思い出してもらうお手伝いをしているのです。

過去生でのサウンドヒーリングを思い出した瞬間

スピリチュアルの数々の学びを思い出していく中で、特に、「サウンドヒーリング」は私にとって特別なものになりました。

それは、あるきっかけがもたらした、古い叡智との新しい出会いでした。

私が、ある音楽の先生からボイスレッスンを受けていたときのこと。私の声の音程を確認するために先生がピアノを弾き、私はその音に合わせて歌っていました。

するとそれが引き金となって、その音楽の先生はある過去生において私の徒弟で、私は彼女の師匠であったことをとても鮮明に思いだしたのです。

そして彼女を見ると、彼女の目は涙であふれていました。
「まあ、なんてことなの！　昔、彼女は私のサウンドヒーリングの教え子だったわ」といぅとても強いフィーリングを私が持った、まさしくその瞬間、彼女も同時に、私が過去生において彼女にとっての師匠であったことを思いだしていたのです。

私たちの目があうと、彼女は「あなたは私に、サウンドを使って癒すことを教えてくれました」といいました。

このときまで私たちはお互いをまったく知りませんでしたし、彼女は過去生とかそういったスピリチュアルなことに興味がある人には見えなかったので、私は驚かされました。

その過去生において、トレーニング中に彼女がサウンドチャネリングをしていたときのこと。

彼女は自分の物理的な身体を離れて、とても遠くへ行ってしまいました。そしてそのまま戻ってこなかったのです。

その結果、そこで生き続けながら、彼女のマインドはそこにはない、まるでそこには存在していないかのようになってしまいました。彼女は昏睡状態に陥ってしまったのです。

その出来事は私に深い痛みをもたらし、私は彼女を救うことができなかったことに対して自分を責めました。

そしてその人生では、教師として、またヒーラーとしてもサウンドヒーリングを止めてしまったのです。


そんな記憶が、私に戻ってきた途端に、今生においてずっと硬くなっていた私の顎から、するりと力が抜けました。

そして、リラックスした口元からは、自然にサウンドが流れ出てきました。

この日を境に、過去生で行っていたサウンドヒーリングを再びこの人生でも行うようになりました。


サウンドヒーリングを行っていると、よく皆さんから「どこから声を出しているの？」

と聞かれることがあります。

実際には、私は歌を歌うことに関しては、決して上手な方ではありません。

どちらかというと下手なくらいで、歌を歌っていると、娘に「お母さん、歌うのはやめて！（笑）」などとよく言われていたくらいでした。


サウンドヒーリングには様々な形があります。音叉を使う人もいれば、トーニングといって音符を歌うようにして声を出す人もいます。

私が提供するサウンドヒーリングはこれらの形とは異なります。

私の場合は、歌手のように歌を歌うことはしません。その代わりに、自分が楽器になることを許し、私がチャネリングする調《しらべ》をサウンド（音）に変換します。

そして、私はそれを行っているときには息を吸う必要もなく、どこまでも長いロングノート（音）を続けることも可能になるのです。

それは、ただ、許せば口が開いてはじまるというものです。


現在、私が行っているヒーリングの中でも、サウンドヒーリングはとても好きなヒーリングの一つです。

どんなメソッドにせよ、通常、ヒーリングには言語が求められるため脳が何かを主張しようと働きます。

一方で、私の行うタイプのサウンドヒーリングは言葉なしにできるので、脳が何かを主張することがありません。そのため相手のハートにそのまま直接まっすぐ響くのです。

ちなみに、サウンドヒーリングを教えてほしいという人もいるのですが、私がするこのタイプのサウンドヒーリングは教えられるものではありません。

とはいえ、もしそれがその人の本質的な能力であれば、ＤＮＡが再活性化されることで自然とそのやり方を思い出すでしょう。

もし、その人がすでにサウンドヒーリングのやり方を知っているのであれば、私はその人にそれを思い出させることはできます。

本質的にその能力を持っているのであれば、その人はＤＮＡ鎖を活性化させることによってその能力をもう一度得ることができるからです。

その方法を思い出すために、休止状態にあるＤＮＡ鎖をもう一度目覚めさせるのです。

本格的にヒーラーとしての活動がはじまる

気がつくと、私はいつの間にかフルタイムでヒーリングに携わるようになっていました。

ところが、ある日、私に悲しみが訪れます。

それまで、私を励まし続けてくれた夫が亡くなってしまったのです。

夫の死後、私は再び家の外へ出てフルタイムで働くときなのだと気づきました。

そこで私はユニバースに「私は物理的な仕事を得ることになるの？　それとも形而上学的な仕事を続けるの？」と質問しました。

すると、「ヒーリングはあなたのキャリアだから、パートタイムでヒーラーの仕事をして欲しくない」というメッセージを受け取りました。

私の決意は固まりしました。

そこからも、多くのエネルギーワークを学び、その後、最初に私が独自に開発したのが、エネルギーの乱れと減少を見つけるテクニック「スウィート（SWEET：Self Wellness Energy Evaluation Technique）」です。

エネルギー医療の分野で働き始めると、多くのセラピストやプラクティショナーたちがクリアなエネルギーフィールドを持っていないということに気がつきました。私はそのことからひらめきを得て、人々が自分自身でエネルギーフィールドをクリアにできるように、このスウィートのテクニックを開発することを思いついたのです。

第2章 ハートメタとは？

ハートメタ誕生

元々ハートメタ（Heart Metta™）は、私が複数のメリディアン（経絡）セラピー（エネルギー心理学メソッド）からインスパイヤーされたものです。

そしてさまざまなヒーリングメソッドを長年学んだ後、私のワークがハートメタという一つのテクニックに発展しました。

それは、２００８年に、アイルランドでの自己成長のリトリートに参加した際に、聖地と呼ばれるグレンダロー湖に立ち寄ったときのこと。

その場所は、土地自体が聖なるエネルギーに満ちた場所として知られています。


その日私は、静寂さをたたえた湖にたたずんでいました。

すると突然、ユニバースから何かの情報が降りて来て、自分の中にダウンロードされるような感覚を受けたのです。

それは、まるでジグソーパズルの欠片だけがバラバラに降り注ぎながら動いていたものが、やがて、一枚の絵として完成するようなイメージでした。

そして、それぞれの欠片たちが集合してパターンが完成したかと思うと、「ハートメタモルフォシス（Heart Metamorphosis）」という言葉が耳に聴こえてきたのです。

メタモルフォシスとは、英語で「変容する」という意味の言葉です。

メタモルフォシスは、たとえば芋虫がさなぎとなり、繭を破ってそこから美しい蝶になって羽ばたく成長のプロセスに従って、形を変えて変容していくときに使う言葉です。

つまり、ハートメタモルフォシスとは「ハートレベルで変容する」ということです。

そのとき私は、これから、人々がハートの変容をしていくための支援をしていくのだ、ということがわかったのです。

この経験を聖地グレンダロー湖畔でしたことで、ついにハートメタ誕生の準備がすべて整いました。

その後、「ハートメタモルフォシス」という言葉は少し長く綴りも複雑なので、「メタモルフォシス」の最初の二つの音「メタ」を残し、そしてパーリ語で「慈愛」を意味する「メタ（Metta)」という言葉とかけ合わせて、「ハートメタ」と名付けることにしました。

ハートメタが他のヒーリングメソッドと違うところ

ハートメタは、細胞レベルでシフトを起こす癒しのメソッドです。

これまで私は、長年にわたって多くのヒーリングを自分自身でも学んできました。

そして、その数々のワークの集大成がハートメタになったことはすでにお伝えしました。

ここでは、ハートメタが他のヒーリングやセラピーと比べて優れている点についてお伝えします。

基本的にハートメタは、経絡や細胞のエネルギーレベルでワークがなされてシフトが起こるＥＦＴ（Emotional Freedom Technique）やタッピングなど、メリディアンセラピー（経絡療法）と呼ばれるエネルギーメソッドと同じグループに分類されますが、大きく違う点がいくつかあります。

まず、ハートメタとＥＦＴなどの他のメソッドとの違いは、ハートメタ認定プラクティショナーが音叉としての役割を果たすことができる点でしょう。

そのためクライアントがそのバイブレーション（振動）の周波数に合うように、認定プラクティショナーが促し、クライアントがその周波数にチューニング（調律）することができるのです。

それはまるでギターを弾く人が音叉を使って音階を正しく調律するようなものです。

その場にいる認定プラクティショナーの周波数に共鳴しシフトをすることで、クライアントも同じ周波数をシェアするのです。

このとき、ハートメタ認定プラクティショナーとクライアントの間には「ハートコヒーレンス」つまり「ハートの共鳴」が発生します。

ここでお伝えしたい重要なことは、ハートメタ認定プラクティショナーが、バイブレーション（振動）レベルを変えようとしているのではないということです。認定プラクティショナーは単にクライアントのガイドとなります。

たとえば、クライアントが自分自身を信頼することや自分で決断することが難しいというとき、強い自己信頼を持つ認定プラクティショナーと一緒にこの課題について取り組むことで、クライアントは自然に自己信頼や決断力のバイブレーションに共鳴することができます。自己信頼には特定のバイブレーションレート（振動速度）があるのです。

つぎに、ハートメタは「ディープ（深いレベルの）コーチング」のひとつであるといえる点です。

もし、あなたが心の傷を負っているなら、その傷を癒すだけでは、あなたに本当の癒しはもたらされません。その原因を見つけ、そして癒す必要があるのです。

たとえば、あなたが仮に、指を切ってしまったとしたら、傷がある表面にバンドエイドを貼って傷を治そうとするかもしれません。

けれども、傷のある内側から傷を修復して癒そうとする自然治癒力が起こらない限り、本来の癒しが起こらないのと同じです。

現在、サイエンスの世界では、細胞レベルにも記憶があることが証明され始めています。

そういう意味においても、細胞レベルにある悲しみや怒りの記憶をクリアにすることで、初めて本当の癒しが起こるのです。

ハートメタを用いると、その人の深いコアな課題にアクセスすることができるため、隠されていた悲しみが細胞レベルでクリアになります。コア＝深い部分につながるということは、その人の最も深い所にうずもれて隠されている課題だけでなく内なる叡智につながるということです。

そうすることで、自分でも気づいていない問題点や、自分をブロック（阻害）させていたものを見出せることができます。

また自分が本来探し求めていた答えにたどり着くこともありますし、腑に落ちた、納得できたという感じをつかむこともあります。

場合によってはハートメタを使って認識した問題点やブロックを、一瞬でクリアにできるときさえあるというのも大きな特徴のひとつでしょう。

中には、心理学的アプローチ療法を17年受けていても解決できなかった問題が、1回のハートメタセッションでクリアになったという実例もあります。

この効果や結果がすぐに出ることがあるという点を含めて、ハートメタがもたらす癒しのパワーについては、これまで私が携わってきた10代から88歳のクライアントの皆さんたちが実証してくれています。

癒しが周囲にまで広がるヒーリング

どのようなヒーリングであれ、癒しが起きたとき、癒された人の先祖と子孫（未だこの世に生まれていない子どもたちも含む）の各32代にわたる血縁者までがその癒しのエネルギーを得られる、と多くの人々が信じています。

それはまるでプールの水面に一粒の小石を落とすと、そのさざなみが水面に広がっていくのを見ているようなものです。

それと同じように、癒しが起こると、その癒しのエネルギーがあなたから遡って32代前の先祖まで、そして未来に向かって32代先の子孫にまで行き渡るのです。

ハートメタのセッションを認定プラクティショナーから受けることで、あなたが何も告げていなくても、周囲の人たちが変わることもあります。それは、私たちは皆、どこかでつながっているからです。

かつて私のクライアントの一人に、男性に見捨てられるということに対しての大きな恐れを抱いている人がいました。

彼女は私とセッションをして、その課題をクリアにしたのですが、実は彼女の娘さんも同じ課題を持っていると話してくれました。

セッションの一週間後、そのクライアントが私にEメールをくれて、娘さんが同棲していた男性が彼女の元を去っていった、と知らせてくれました。そしてそのメールには、「サンドラ、あなたは信じないかもしれないけど、うちの娘はこう言ったのよ！〝今回、私はいつもとは違うのよ。ママ、私は自分で対処できるわ。今回のことはＯＫよ〟」と書かれていました。

このケースでは、彼女が自分自身の癒しを通して、その癒しのさざなみが彼女の娘さんにまで広がったのです。

つまり、あなたが癒しを望めば、あなたにかかわる人たちにもその癒しは広がるのです。

周波数について

次に、ハートメタを語る上で欠かせないキーワード、「周波数」について少しお話をしたいと思います。

この周波数の話はある意味、現代のサイエンスではまだ証明が難しいことから、かなりチャレンジングなテーマだとも言えるでしょう。

けれども、私のセッションを体験した人には、この周波数が及ぼす影響について理解していただけるのではないでしょうか。

すべての細胞はバイブレーションレート（振動速度）を持っています。バイブレーションレートが高ければ高いほど周波数が高く、バイブレーションレートが低ければ低いほど周波数も低くなります。

周波数が高ければ高いほど、あなたはより宇宙とのつながりを感じ、そしてより平和を感じます。

反対に、周波数が低ければ低いほど、宇宙から離れていると感じるのです。

ハートメタによってあなたはバイブレーションレートを高めることができ、そうすることでより穏やかさと安らぎを感じるでしょう。

ハートメタのプロセスを通して、細胞が振動している周波数がシフトします。これが起こるとき、身体的、感情的、メンタル的、そしてスピリチュアル的なすべてのレベルにおいてあなたに影響を与えます。それによりあなたの思考がシフトして、あなたの外側の現実にも影響を及ぼし、そして私たちの現実は思考によって創られるということを理解するのです。

ハートメタは、どのように働きかけるの？

ではここで、具体的にハートメタがどのように働きかけるのかということを、例を挙げて説明いたします。

たとえば、あなたが「自分に自信が持てない」という課題をハートメタで対処したいとしましょう。そんなとき、あなたは自信の周波数がどのように振動しているのか、その周波数自体を知らないのかもしれません。

あなたは今までの人生において「自信」というものを経験したことがないため、それは未知の領域であり、「自信を持つ」とか「自信がある」とはどのように感じるものなのか知らないのかもしれないのです。

それは、簡単に言えば「自信というものを知らない」ということです。

つまり、これまであなたが生きてきた中で、あなたを育ててきた両親や周囲にいた家族、人々の中に自信を持った人がいなかった場合、あなたは自信という周波数を学ぶ機会がなかったということになります。

ハートメタのセッションにおいては、まず、認定プラクティショナーがクライアントの「自信に欠けている」という理由をクリアリングします。そしてハートメタの認定プラクティショナーは、自分自身に対しての持ち前の「自信」に調律する能力があるので、クライアントはより簡単にこの周波数に到達することができるようになります。

これが、ハートメタの認定プラクティショナーが音叉の役割を果たすもうひとつの例といえるでしょう。楽器（クライアント）の音が外れているときに、認定プラクティショナーがクライアントの音叉としての役割を果たすのです。

認定プラクティショナーが持っている自信に対する感覚が、クライアントにとっての音叉となります。これはサトル（微細な）エネルギーレベルで自分に対する自信の感覚を感じ取る機会をクライアントに与えます。

認定プラクティショナーの本質により、クライアントがサトルエネルギーレベルで、この例の場合には、「自信」というものを感じとることができるからです。

ところで、このクリアリングがどのように起こるのか、またこれがどのような効果をもたらし機能するのか、そういったことをクライアントが知る必要や理解する必要はありません。そしてクライアントはいかにしてポジティブなシフトが起こるのかを知る必要もありません。

それはたとえば、あなたがパソコンや携帯電話などがどのように機能しているのか理解していなくても、使用することができるようなものです。

ただポジティブで意味のあるシフトが起こることにオープンでいること。求められるのは、ポジティブなシフトについての観念にオープンであることです。技術的なことを知る必要はありません。

もしかしたら、いつの日か、量子力学の科学者たちが、このことについて私たちに説明してくれるかもしれません。

認定プラクティショナーとクライアントは共鳴します。ですので、ハートメタの認定プラクティショナーはセッションで取り扱うクライアントの課題について、すでにクリアにしていることが大切です。

ハートメタ認定プラクティショナーになるには、認定を受ける前に、すでに自分自身の深いヒーリングの過程を経験していることとなります。

もし認定プラクティショナーが自己の癒しをしておらず、未だ痛みを抱えたまま同じような痛みを抱えるクライアントにセッションをしたら、そのクライアントから影響を受けてしまいハートメタの効果が薄れてしまうからです。

ハートメタプラクティショナーの認定には非常に高い基準を設けており、認定プラクティショナーはすでにそのようなワークを終えています。

誰でもハートメタを学び、自分自身にハートメタをすることは可能です。

ハートメタの認定プラクティショナーとなり、クライアントとワークをすることが出来るようになるためには、その人が多くの自己発展のワークをしていること、または認定を受けるために、そのようなワークの取り組みをいとわずに快くしていくことが求められます。

また、ハートメタ認定プラクティショナーは「クライアントは、こんなことをするべきだ」「クライアントは、こんなマインドにならなければならない」などとクライアントに指導をする必要はありません。

さらには、「自分は、クライアントに対してどんなことをすればいいだろう？」などということを考える必要もありません。

必要なのは、認定プラクティショナーとして、自分がどれだけクリアで、グラウンディングしていて、センターにいるかということです。

だからといって、ハートメタの認定プラクティショナーが、完璧である必要もありません。不完全の中に、完全というものがあるからです。

さて、それでは「自信が持てない」という課題について、ハートメタではどのように取り扱うかというテーマに戻りましょう。

ハートメタでは、自信を持てないというあなたが、自信を手に入れるというよりは、「すでに自信を持っているということを、ハートメタを通して思い出す」とします。

それはつまり、今、あなたが着ている「自信に欠けている」という洋服を脱ぎ捨てて、その下にある自信を発見するようなものです。

そして、それができたとき初めて、「自分は生まれたときは、自信というものをもって生まれてきた」ということを思い出せるでしょう。

ちなみに、ハートメタのセッション中、認定プラクティショナーはいかなるヒーリングも行いません。認定プラクティショナーは、クライアント自身が自分の周波数をシフトするのを促すだけです。

このような役割を果たすという意味で、ハートメタの認定プラクティショナーのことを「ファシリテーター（促進者）」と呼べるかもしれません。

抱えている問題自体がわからないとき

それでは次に、あなたが「自信を持っていない」ということさえ自分でもわからないときはどうしたらいいでしょうか？

このようなケースでは、あなたは常に人生における大事な場面や勝負を賭けるときに失敗してしまう、という問題などを抱えていたりするかもしれません。

すると、人生において前進しようとするときや、変化を起こそうとするときになぜか躊躇してしまう、ということもありえるでしょう。

そして、それはあなたが人生の中で成功することや幸せになることを妨げていたりします。

そんなとき、あなたは恐れ、疑心、不安などの周波数に共鳴しているのです。

人は、自分の問題が何か確認できないときもあります。そんなときは単に不安に感じているだけかもしれません。

自分の本当の問題は何であるのか、その人が認識していないときもあります。

そんなときハートメタでは、どうやってこの問題を解決していけばいいのでしょうか？どのように、認定プラクティショナーは、その不安が実は「自信がない」ということから来ていることを突き止めるのでしょうか？

過去において、自信を失わせるような出来事があったことを見つけ出さなければならないのでしょうか？

認定プラクティショナーは、カウンセリングを行いながら、その原因を探し出すのでしょうか？

実は、根本的な原因となった出来事の詳細について、時間を費やす必要はありません。

たとえばそれは、自分ではきちんと認識はしていないものの、小さい頃に、学校の授業中に先生に質問をされて、間違った回答をしてしまい、クラスの皆に笑われて恥ずかしい思いをしたことが原因になっているのかもしれません。

そして、そのことは忘れたつもりでいるのに、心の奥深くでは深い傷になってしまっていて、その後は、いつも本番で失敗してしまう、という出来事が続いていることかもしれません。

ハートメタでは、その原因が何であれ、セッション中にその答えが表面に浮かび上がり、クライアント自身がその問題の発端を明らかにすることができます。そしてそれをクリアにするのです。

ハートメタのセッションで、クライアントはその出来事を本来属するところ、つまり、「過去」に置きます。クライアントは、それは終わったことである、という事実と共鳴し、その出来事はもう今は起きていないということを完全に理解するのです。

そうすることで、深く埋まっていた課題もクリアにすることができるのです。

このようにハートメタは、その人がより望む人生へ向かい進んでいくことに対して、何が阻害しているのかわからないときに、時間をかけてその原因の詳細を探っていく必要はありません。ときには、クライアント自身が、本当はすでに、「ただ知っている」ということもあります。

ハートメタを用いると、癒しは最初のトラウマを追体験することなしに起こるのです。

辛い思い出は語らなくてもOK
――レイプされた16歳の少年のケース

過去に私が行ったセッションで、次のようなケースがありました。

ある16歳の少年が彼の叔母さんに連れられて私のところにやってきました。

彼は、性的暴行、いわゆるレイプをされてしまったことで心に傷を負ってしまったのです。

彼はまだ16歳であり、そして私は女性であり彼の家族でもない他人です。

私は、その心の傷のことは知っていたのですが、私は彼自身がそのことを人には語りたくない、語ることで恥ずかしい思いはしたくない、という気持ちが本当によくわかりました。

だから、そのときに、私がその少年に伝えたのは、「私が言うことに耳を傾けてね。そして、今から私の言う通りに、次のフレーズを私に続いて言ってくださいね」ということでした。

「僕には、起きて欲しくなかったことが起きました」

彼がそれを自分の口から発することで、彼は自分が経験したトラウマについて言及していると認識します。

そのとき、彼の細胞レベルでは、そのことがまだ現在、彼の中では現在形で起きているのです。

だから、私は次にこのように伝えました。

「あの出来事のショックは終わりました」

彼がそう宣言することで、そのトラウマな出来事は、アーカイブシステムの中に移動されるのです。

それは例えると、それまでずっとパソコンや携帯のメールの受信箱にあった一通のメールが、ゴミ箱のファイルに一瞬で移動するような感じです。

その少年は、そのトラウマをこれからもまだ覚えているかもしれません。

しかしながら、ここで大切なことは「その出来事は、もう今は起きていない」「そのショックはそれが所属する所、つまり過去に所属する」ということを彼が理解することなのです。

過ちを繰り返してしまう理由

いつも自分に不適切なパートナーに惹かれてしまい、恋愛での失敗を繰り返してしまう人。

なぜかいつもお金の問題から、人間関係のトラブルを起こしてしまう人。

どうして人は、いつも同じような過ちを人生の中で繰り返してしまうのでしょうか？

それは、課題のコアの部分がまだ対処されていないからです。

つまり、あなたはまだ、その問題の周波数と共鳴しているのです。

課題のコアな部分がすべて解決されない限り、あなたは同様の問題と共鳴するようなことを引き寄せ続けます。

それはまるで、同じテーマで、ただ違う映画を創ったようなものといえるでしょう。

コアな課題を癒した後には、その周波数と共鳴することから自由である状態にシフトし、そして自由であれば、あなたが望む人生に向かって進むことができるのです。

日本との出会い

さて、ハートメタの認定プラクティショナーが最初に誕生したのは、日本であることはお伝えした通りです。

「あなたはこれから、世界を廻って色々な人に話をするでしょう」

これはまだハートメタが誕生する何年も前に、私がユニバースから受け取ったメッセージです。

その頃は、まだ私が将来、どのような道をたどるのか見当がつかない頃だったので、「私は、どのようなことをするの？」と質問してみました。

すると、ユニバースはただ、「そのときになれば、わかるから」と告げてくれたので心配はしていませんでした。

そして、時が熟し、ユニバースが伝えてくれた通りに、今、私は世界を廻りながらハートメタを多くの人々にお伝えしています。

ハートメタが生まれた２００８年は、また、私が初めて日本を訪れた記念すべき年でもあります。

日本に一時的に滞在していた友人から、「ちょっと、日本に来ないか？」という誘いを受けて、軽い気持ちで旅行者として日本を訪れたのが私と日本との初めての出会いでした。

実は、イギリス人である私の父親や伯父はかつて、日本の戦争捕虜になったことがありました。

父親は第二次世界大戦で旧日本軍の捕虜になり、香港から名古屋に護送収監されたことがあったのです。

そんなこともあってか、日本の地に初めて降り立ったときに、私は先祖のトラウマを癒すこと、そして彼らのために赦しの儀式を行うことがとても重要であると感じました。

儀式を行うと、その瞬間に大きなエネルギーが私の身体を貫き、流れました。彼らに癒しが起こったのです。

そして、私の両親が経験したトラウマ的なエネルギーが、これ以上次世代へ引き継がれる必要はなくなりました。

また、私がハートメタを含む癒しのワークを教えるために、日本へ来るようになったのはある出来事がきっかけでした。

それは、私がマレーシアで教えていた生徒がエジプトに旅行した際に、日本人のグループと一緒にツアーを廻ることになったときのこと。

そのツアー中に、参加者たちに立て続けに様々なアクシデントが起こってしまいました。ところが、ツアーに参加していた私の生徒が、私が教えた神聖幾何学を使ったワークを行ったことで、奇跡的にすべての問題が解決したというのです。

参加者たちは驚いて、どうやってそんな奇跡が起こせたのかと私の生徒に訊いたそうです。

すると、その生徒が私のことを彼らに話したことで、日本人の参加者だった人が私に興味を持ち、私を日本へ招待してくれることになったのです。

こんなきっかけも、実は、ユニバースの計画だったのかもしれません。

さて、正式にワークショップを行うために日本を訪れたのは２０１３年ですが、そのときに、ユニバースからあるひとつのメッセージを受け取りました。

それは、「不死鳥《フェニックス》が灰から起き上がる。日本は、これからアジアの見本となる」というものでした。

ご存じの人もいるように、不死鳥とは、古代の神話や伝説に出てくる不死身の鳥で、再生や再誕生のシンボルとしても知られています。

私個人の経験から、日本の人々は自分一人だけの「私」としてではなく、「私たち」という意識を持つことができる人々であると感じています。

日本に来て、日本の人々と出会いわかったのは、日本人はハートメタを理解する準備ができている人々である、ということでした。

また私は、「他のハートメタプラクティショナーの育成をするときが来た」というメッセージも受け取りました。

それから3年ほどして、日本で初めてハートメタ認定プラクティショナーの講座が開かれることとなったのです。

認定プラクティショナーのトレーニング開催は日本が最初だったこともあり、現在、ハートメタの認定プラクティショナーの数も、日本の方が一番多く、次いで香港、カナダ、という順になっています。

第3章 ハートメタがもたらす癒し

ハートメタ認定プラクティショナーは音叉になる

認定されたハートメタ（Heart Metta™）のプラクティショナーは、クライアントにとって音叉としての役割を果たすプロフェッショナルです。

改めて、自信というものを一度も経験したことがないクライアントの例で見ると、ハートメタ認定プラクティショナーの自信のレベルの本質が、クライアントが自分に対してより自信を持てるレベルの周波数へとシフトするための音叉の役割を果たすということになります。

別の言い方をすれば、認定プラクティショナーの周波数レベルは、クライアントが調律するためのガイドとなるのです。

ですので、認定プラクティショナーは、自分のコアな課題についてすでにワークをしていることがとても重要です。

すべてのハートメタ認定プラクティショナーは、認定を受ける前にアセスメント（査定・評価）を受けることを経験しています。彼らは全員、各自のコアな課題について十分な量のワークをしたことを示し、そしてアセスメントを受けることになっています。

ハートメタは様々な状況や困難に対して使うことができます。

ハートメタの認定プラクティショナーとのセッションにおいては、クライアントは細胞のバイブレーション（振動）レベルで周波数をシフトします。

ハートメタを通して、ブロックしているものを発見し、それを解放することによって、細胞に蓄積されたトラウマがどんな状況の詳細もメンタルレベルを通過することを要さずに、穏やかにシフトさせることができるのです。

セッション中、そのクライアントにとってクリアにすることが適切であることであれば、そのことがクライアント自身の意識から自然に浮き上がってきます。

認定プラクティショナーは、クライアントがそれを明確にすることを促すだけです。セッションの流れは、認定プラクティショナーの手引きを受けながら、クライアント自身が指令をする人となるのです。

ハートメタポジションの紹介

ハートメタを用いて課題や問題に取り込むときには、「ハートメタポジション」を取ります。

ハートメタはシンプルで効果的です。ハートメタでワークをすることによって目が涙目になっているように感じたり、ため息が出たり、あくびをしたり、またはゲップさえ出るときもあります。

これらはシフトが起こったサインです。

そしてシフトが始まるには、ただ手をハートメタポジションに置くだけで十分なときもあるかもしれません。

こんなときにはハートメタポジションを取るだけで感情の開放があったり、涙することもあるかもしれません。

もしもこのようなことが起こったなら、それが発生することをただ許してください。このシフトの理由を見つけるために時間を費やす必要はありませんし、癒しが起こるためにその理由を知る必要もありません。

それではここで、ハートメタポジションの取り方についてご説明します。

◉ハートメタポジションの取り方

①あなたの右手を胸のあたりに置きます。
これは、右利き、左利きに関係なく、必ず右手で行います。
②右手の親指の先を、喉の下、鎖骨の真ん中のくぼみに置きます。
そして親指を縦にまっすぐ置き、平らにぴったりとつけるようにします。
③残り４本の指もイラストを参照し、置いてください。

認定プラクティショナーと一緒にワークをする際、クライアントがハートメタポジションをとるときには目を閉じます。

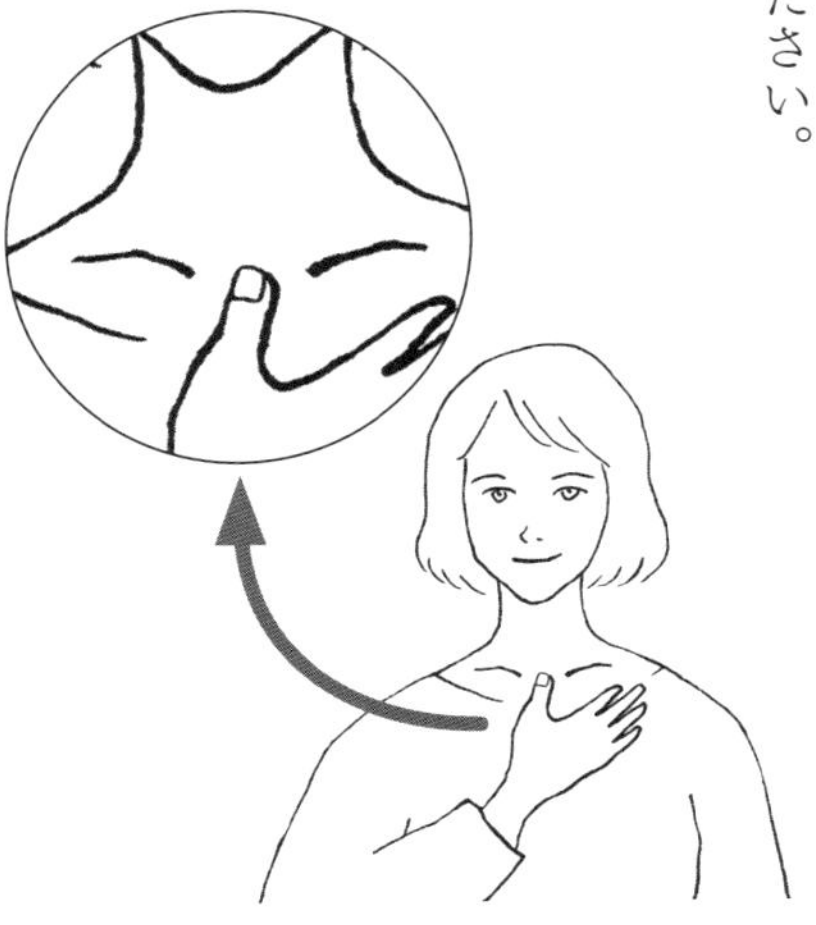

イラストにあるように手を置いてください。

ハートメタを使ったストレス解消メソッド

ここでは、ハートメタをどのようにご自身で用いることができるか例をあげてご紹介いたします。

ハートメタは、何か過去に発生したことだけでなく、まさに、今悩んでいることの両方の状況に用いることができます。

これからご紹介するステップに従ってワークをすることで、ハートメタを体験していただけます。

これはハートメタの入門となりますが、とはいえ、このメソッドは、ハートメタ認定プラクティショナーと一緒にワークするときにより効果を発揮し、あなたがより深いレベルへたどり着けるものです。

すでにお伝えしたように、これがどのように機能し影響するのか、知る必要はありません。

取り組む際には、先にご紹介したハートメタポジションを取ります（84ページ参照）。
ご自身でハートメタをする際にはお一人で行いますので、最初にステップ①を読んで、その後、目を閉じて、再度ステップ①の文章を声に出して繰り返しましょう。ワークを進めるに従い、他の各ステップも同様に行います。

一度に全文章を覚えるのが難しいのであれば、覚えられる範囲で区切っても大丈夫です。それぞれ一度読んだら、その都度目を閉じて、そのフレーズを声に出して繰り返してください。

先述したようにハートメタは、何か過去の出来事が原因の問題について取り組むだけでなく、まさに、今起きている問題に対処したいときの両方の状況に用いることができます。

以下の①〜⑤の手順で進んできます。
ステップ①のステートメントは、過去の出来事を取り扱う場合は①の(A)を、今、現在起きていることを取り扱う場合は①の(B)を参考にしてください。

ステップ②～⑤は、どちらの状況に対して取り組む場合でも変わりません。

①(A)　過去に発生した出来事、例えば、飼っていた犬が車にひかれてしまったその悲しみ、ということに対して取り組みたい場合。

私の犬が死んでしまった、というショックはすでに終わり過去の歴史のこととなりました。そして、私はまだ悲しいかもしれないけれども、それでも私は、今、大丈夫です。

①(B)　何か現在も続いている問題、例えば、新しい仕事の面接について心配しているような場合。

私は新しい仕事の面接に行くことに対して心配しています。私はこのことを心配するニーズ（需要・必要性）から自由です。

（以下②～⑤は、上記例(A)・(B)どちらの状況に対して取り組む場合も同じです）

② 私は、私という存在のすべての部分にあるこの問題に、しがみつきたいというニーズを解放することを、私自身に許可します。どこであっても、いつであっても。

③ 私は、私自身を再プログラムする事を許可します。私は調和と共鳴し、そして自らの神聖なブループリントとアライメントする（軸を揃えて並び合う）ことを許可します。

④ この出来事に関連する、あらゆるネガティブなフィーリングと共鳴する、私のニーズは終わりました。私は今、前に進むことに対して完全に自由であり、そうすることを許可します。

⑤ 浄化の呼吸を3回します。その後、ゆっくり目を開けましょう。

以上のステップを踏んだ後、もしも、まだ漠然とした悲しみや不安が残っていると感じた場合は、①~⑤を繰り返してください。

あなたがハートメタをするのがまったく初めてだとしても、それでもたくさんのネガティブな思考とフィーリングを解放したことに気づくこともあるでしょう。

より深い課題について有意義な変化を目にするために、ハートメタの認定プラクティショナーとのセッションが求められるかもしれません。

すでにご説明したように認定プラクティショナーと一緒であれ、一人でこのワークをするのであれ、ステップを進めていくうちにシフトが起こると、あなた自身に何か変化のサインが表れるかもしれません。たとえば、涙が出たり、あくびが出たり、ゲップが出たりなどの現象が起こることもあるかもしれません。これらはシフトが起こったサインです。

これらは自然なプロセスであり、止めようとする必要はありません。

もちろん、これらのようなことが、何も起こらない、何も感じない人もいるでしょう。

何も起こらないときも、何も感じない人にも、それでもハートメタの効果は出ていますので安心してください。

これもすでにお伝えしましたが、このシフトの理由を見つけるために時間を費やす必要はありませんし、癒しが起こるためにその理由を知る必要もありません。

ハートメタの癒しの恩恵を最大限に受けるためには、ハートメタ認定プラクティショナーのセッションを受けることをお勧めします。

望みを具現化する

ブロックや制限している信念をクリアにするハートメタに加えて、あなたの願望を具現化するための更なるステップとなりえるものがあるかもしれません。

ハートメタはブロックするものや制限された信念を取り除き、コアな部分に働きかけるメソッドです。それはまるで、すべての壊れた家具をあなたの家の中から取り出していくようなものです。

今、あなたの家は空っぽになりました。

何か良いものでお家を満たすときがやってきました。

言い換えれば、あなたは今、願望を具現化したいということです。

次に紹介するエクササイズは、あなたがこれらの願望を具現化することを促進するものです。

あなたは自分の家のために、新しい家具のショッピングへ出かけるのです。

ここでも、右手でハートメタポジションを取ります。（84ページ参照）

１から10のスケール（目盛り）で以下①～⑤のステップのステートメントをご自身に問いかけます。そして各ステップで、あなたがその答えとして出したスケールの数字にどのくらい同意するのか、毎回確認をしてください。

先ほどご紹介した「ハートメタを使ってのストレス解消メソッド」のときと同じように、

ステップ毎にまず読んで、その後、目を閉じてそのステップの内容を声に出して、ご自身に問いかけましょう。

その答えが1ならば、「いいえ、それは真実ではないです」ということであり、もし10ならば「はい、それはまったくその通り真実です」ということになります。

①私は、何かポジティブなことを選びます（例えば新しい仕事を持つこと等）
②私はそれが起こることを許可します
③私はこれが起こることに値します（ふさわしいです）
④私はこれが起こることが可能であると信じます
⑤私はそれが確実に起こることを信じます

もしステップ①～④の結果、スケールが10より少ないようであれば、あなたの制限された信念を変えるために、セルフワークが必要です。それにはハートメタを使うことができます。

ステップ⑤に関して具現化の過程に求められるスケールとしては、７・５あれば十分です。

そして、このエクササイズを最大限に効果的にするためには、やはりハートメタ認定プラクティショナーと共にワークに取り組むことをお勧めします。

ハートメタは探偵のようなもの
――〝血が怖い〟という人の恐怖を癒したケース

それではここからは、これまで私が行ってきたハートメタの数多のケーススタディーの中から、ハートメタがクライアントのどのような問題や悩み、症状などに対応できるのかをご紹介しましょう。

恐怖症からトラウマ、食物への過敏性から自分の将来のキャリアの方向性まで、実際に私が立ち会ってきた幾つかのケーススタディーを紹介することで、ハートメタが扱える問題の幅の広さをご理解いただけるかと思います。

まず、ハートメタによるワークの流れは、探偵が行う仕事のようなものかもしれません。探偵は、ある事件が起きたら、事件を取り巻く状況の中で真実を突き止めて問題を解決したり、犯人を捜す、というのが探偵の仕事です。

実は、ハートメタも探偵が行うような仕事に似ているのです。

でも、探偵なら、ある未解決事件を解決していくのに長い時間が必要なこともあるかもしれませんが、ハートメタなら答えをすぐに探し出せるのが特徴です。

では、ハートメタにおいて〝探偵役〟を演じるのは、クライアントのワークを行う認定プラクティショナーの側になるのでしょうか？

いいえ、実は、真実の答えを見つけるのはクライアント自身なのです。

たとえば、かつて、このようなケースがありました。

ある日、ある医療関係の研究室に勤める、ある一人の血液検査技師の男性が私の元へセッションを受けにやってきました。

彼の悩みは、血液を取り扱う仕事を毎日行っているのにもかかわらず、突然、血液を見ることに恐怖を覚えてしまうようになったということでした。

仕事で血液を目にすることは避けられないのに、血液を見るのが怖いとなると、プロの血液検査技師として働き続けることは難しくなってしまいます。

そこで、その問題を克服したいと、私のところにやってきたのです。

ハートメタの認定プラクティショナーは、クライアントが自分自身でコアの問題をみつけだすためのツールを提供することができます。

まず、ハートメタのセッションでは、最初のステップで何が問題であるのかステートメントを述べます。

このケースの場合のステートメントは、「私は、血を見るのが怖い」です。

このクライアントとセッションをして、私は彼に何が問題であるのか述べてもらいました。

彼は血を見ることに対する恐怖が生じた事実にフォーカスしました。

彼がその思考に注意を払うと、血を見るのが怖いのではなく、エイズに罹ることが怖いのだ、と彼の中で答えが出てきました。

そこで、彼がその思考に注意を払うと、エイズではなく死ぬことが怖いという答えが出てきました。

最初のステップに戻り、今度は死ぬことが怖いということに注意を払うと、それも彼が抱えている問題の根源ではないということがわかりました。

このケースではハートメタを通して、彼は突然覚えた血を見ることの恐怖は、実はとても深く古いものであるということ発見しました。

血液検査技師として一人の患者の血液を見ることが、なぜか引き金となってしまったのです。

こうして、これまで深く眠っていた記憶が蘇りました。

それは、彼が20年前に母親を亡くした出来事でした。

かつて、彼と彼の兄は、体調が悪かった母親に手術をすることを勧めました。

けれども、母親の方は、実は手術を受けることを望んでいなかったのです。

それでも彼女は、とうとう、息子たちの言うことを聞いて、ついに手術を受けることにしました。ところが、あろうことか、母親はその手術の最中に亡くなってしまったのです。

「母親は、自分のせいで死んでしまった」という思いが、彼の心に深い傷を残してしまいました。

もちろん、彼も「母親の体調は、もし、手術をしない選択をしていたとしても、いずれは命を落とす状況にはあっただろう。だから、どちらにしても将来的にはおそらく同じ結果を招いていたであろう」ということは頭ではわかっていたのです。

けれども、彼の心の深い部分では20年間も、自分が母親を死に至らせてしまったということで自分を責め続けていたのです。

ハートメタのセッションを通して、彼は自分自身を許すことができました。

すると、それ以降、彼は血を見ても、もう恐怖を覚えることがなくなったのです。

このケースでは、よくよく問題を掘り下げてみると、彼が最初に思っていた「血への恐怖」は、まったく本来の問題とは関係はなかったのです。

ハートメタによって、彼は問題の原因を見つけることができました。

もしも、単に「血を見ることが怖い」ということだけを観察していたならば、この問題を解決することはできなかったでしょう。

つまり、①血への恐怖↓②エイズへの恐怖↓③死への恐怖↓④母親が死んだことへの自責の念という4階層下の深層心理にあるコアの問題にまで掘り下げることはできなかったでしょう。

このケースのポイントは、「血が怖い」という自分の顕在意識だけで捉えている問題が、無意識のレベルではまったく想像もできないところに根を下ろしていたということです。

そして、それをクライアント自身が私のアシスタンスを受けながら、自分自身で答えを見つけていけたということです。

これがいわゆるハートメタにおける「探索ワーク」というものです。

ハートメタにおけるＰＴＳＤのようなケース
――夫を事故で亡くした女性のケース

私たちが経験するトラウマは、それがいかなるものでも細胞レベルの記憶に留まります。繰り返しになりますが、このことは科学者たちがすでに示し始めています。

ハートメタは、トラウマが絶え間なく続いて取り除けないような状況にも役立ちます。

ある日、このような問題を抱えた女性のクライアントが私の元を訪れました。

そのクライアントは、夫を交通事故で亡くしました。

以来、彼女は悲しみの日々を送っていたのですが、特に、彼女を苦しめていたのは玄関の呼び鈴の音だったのです。

夫が亡くなった日の夜、警察の人がそのことを告げに彼女の家にやって来ました。

そして、その夜の出来事の様子が頭の中に焼き付いてしまい、彼女はそれを消すことが出来なくなってしまったのです。

そのため、他の誰が自宅を訪問してきても、呼び鈴が鳴らされる度に彼女はパニックになってしまうようになりました。

つまり、呼び鈴の音は、彼女にとって夫の死を意味するものになってしまったのです。

また、夜になると眠れない日も続くようになってしまいました。

それはまるで、同じCDを何度も繰り返し聞いているようなものでした。

そこでハートメタのセッションを通して、そのショックは終わり過去の歴史となったと理解することで、彼女は夜、警察が家にやって来たことを思い出さなくなりました。

彼女は、このトラウマを忘れないかもしれませんし、今は亡き夫のことをまだ考えるかもしれません。とはいえ、もし彼女が覚えていても、そのトラウマはもう現在のことではなくなるのです。

そのショックは本来所属するところに所属するのです。ハートメタを使って細胞レベルでそれを理解した彼女は、夜中に呼び鈴が鳴ることを思い出すことはなくなり、また眠れるようになりました。

彼女に平和が戻ったのです。

これはハートメタを使うことで、細胞レベルの記憶を過去に置くことができるひとつの例です。

たとえるならば、Ｅメールを受信箱から過去のファイルに移動するようなものでしょう。

最後の選択は、本人にある

――多発性硬化症になった女性のケース

自分の中の何かが心地悪くて、それが深刻である場合、私たちの身体に病として表れる可能性もあります。

「病気」や「疾患」という言葉は、英語では「Disease」という単語になり、この意味を視ると「Dis」は不快、心地悪いという意味で、「ease」は「楽である」という意味です。

これは、あなたの人生において何かが不快であるということであり、それを無視すればするほど、あなたの身体を病へと導いてしまいます。

病気が感情によって構成されているということは珍しくなく、深く隠れた原因を見つけ、その原因の根源を癒すことで、身体的にも癒しが起こるときもしばしばあります。

そしてハートメタでは、その病気の原因になっている感情を明らかにすることができるのです。

ところが、問題の原因を自分で明らかにしても、それが癒されるために必要な変化をいとわず進んでしようとしない人たちもいます。

そんなことを感じさせる、あるケースに出会ったことがあります。

ある女性が「多発性硬化症」にかかり、夫とともに二人で私の元へやってきました。

私が彼女のエネルギーフィールドを熟視すると、彼女のエネルギーは減少していることが見て取れました。

これは多発性硬化症のような自己免疫性疾患にはよくあることです。

彼女のエネルギーは本当に消耗され減少していました。

彼女は、夫との関係がとても不幸でありそれが彼女のエネルギーを消耗させていました。

セッションを始めても、彼女の夫は彼女の了承を得たため、その場に一緒に残っていました。

そしてセッション中に、私は、不幸であるのにもかかわらずなぜ常に笑顔でいる必要があるのか彼女に質問するように導かれている、と感じました。

そこで、私は「なぜあなたは笑顔をつくる必要があると感じるの？」と質問しました。

これが彼女にとって大きなストレスだったからです。

彼女は、「それは、私が、そのスマイル（笑顔）と一緒にいる人だからよ」と答えました。

すると、彼女の夫が邪魔に入って、こんなコメントを加えたのです。

「そう。あのハリウッドスマイルと、一緒にいる人」

彼はとても有力な弁護士でした。そして彼女は彼にとって「トロフィーワイフ（見せびらかすための妻）」でした。

彼らの多くの行事での彼女の役目は、ゲストみんなに笑顔を振りまき楽しませることでした。

彼女は、これが自分の人生に多くの問題を引き起こした原因だと知っていましたし、幸せでない結婚生活の原因であることも知っていました。

しかしながら、彼女にとって夫と別れることは、自分のネットワークが半分になってしまうことを意味したのです。

彼女は私にこう言いました。

「私の価値が、４００万ドルじゃなくてたった２００万ドルになるのよ！」

彼女はその大金やライフスタイルを放棄したくなかったのです。それならいっそ病んでいたかったのです。

これは彼女の決断であり、彼女の選択でした。

そして私はそれを尊重しました。私が変えることではなかったのです。

すべてのハートメタセッションにおいて、認定プラクティショナーはそのセッションのファシリテーターとして留まることが重要です。そして認定プラクティショナーはクライアントの決断に対して個人的な意見を待ちません。

認定プラクティショナーは、ハートメタのセッション中、導管という役に徹することがとても重要であると感じています。

方向性に対してより良い感覚を得る
——歯科医である女性のケース

ハートメタを使うと、あなたが本来望む方向性やキャリアに気づけることもあります。

これは、ある歯科医師の女性のケースです。

彼女は歯科医という立派な仕事についているのにもかかわらず、自分のキャリアに自信が持てずにいました。

というのも、彼女の師から、いつも自分が歯科医としてどれだけダメであるかということばかり言われ続けていたのです。

彼女は、いつの間にか低いセルフエスティーム（自己肯定感・自尊心）を持つようになり、自分自身を歯科医として失格であると思い込むようになりました。

ハートメタのセッションをすると、彼女は自分が本当は看護師になりたかったということに気がつきました。

彼女がこれまで進んできた方向は、医療や健康の方面であるという意味においては、間違っていなかったようです。

ただし、自分の進路を決める際に、その中から、ピンポイントで自分のより望む適切な道を正確に選択することはできていなかったのです。

セッションの後、自分のやりたいことがわかった彼女は、歯科医として、どちらかというとより技術を必要とするデンタルヘルスから、より健康を意識したオーラルヘルス（口腔ケア）へと方向転換をすることにしました。

これからオーラルヘルスのエキスパートになるにあたって、彼女がこれまで培ってきた歯科医としての経験や学びも、決して無駄にはならないのです。

これで、彼女の方向性は、彼女にとってより望ましい方向に定まりました。

彼女は、自分の今いる場所から新しい未来の選択肢を見つけたことで、イキイキと生まれ変わったように見えました。

彼女の師の方もまた、彼女が別のことに情熱を持っているということがわからなかっただけなのです。

それがわかれば、彼女を傷つけることなしに、彼女が本来望んでいる方向に導くことができたのかもしれません。

このケースで最も大切なことは、彼女自身が自分の本当の情熱が何であるかをみて、「自分はダメな歯科医である」という自己批判を手放すことでした。

このように、自分のやりたいことがなんとなくわかるけれど、まだぼんやりしている、というようなときにも、ハートメタであなたが本当に希望する道が見えてくることもあります。

ハートメタでワークをすると、あなたがより望んでいる道に向かってアクセルを踏むことができるのです。

珍しい紹介者
――アーモンドを食べると不調になる男性のケース

ハートメタは、食物への過敏性にも対応できることがあります。

ある問題が起きるとき、その問題のコアの部分、いわゆる、問題の根っこの部分を見つけることができるハートメタなら、その食物がその人の身体になぜ問題を引き起こすのか、という問題のおおもとを発見できるのです。

それでは、ここでは食物の過敏性に対応できたあるひとつのケースをご紹介しましょう。

ある日、アーモンドに重度の敏感反応が出てしまう男性が私のところにやって来ました。

彼は、通常とはちょっと違う面白い形で私に紹介されて会いに来たケースでした。

実は、ある日突然、幼い頃の友人の亡くなった母親が私の元にスピリットとしてやってきたのです。

そして、その友人の母親は私のところに度々登場して私に語りかけるのです。

「なんとかして、私の息子に会ってやってちょうだい！」

彼女からの熱心な訴えかけに私は驚いてしまいましたが、彼女は、何度も私の元へやってきては同じように懇願してくるのです。


私は、ちょっと困惑してしまいました。

なにしろ、彼女が伝えてくるその〝息子〟とは、私の幼友達のお兄さんのことを指していたからです。

私の子ども時代に、一緒に学校に通っていたその彼の妹であるその友人でさえ、もう30年以上も会っていなかったのです。

そんな状況の中、その友達本人ではなく、彼女のお兄さんに対して「ちょっと会いませんか？」などと言って連絡を取ることを、少しためらっていました。

それに、長年のブランクを経て久々に再会したとしても、「亡くなったあなたのお母さんのスピリットが、あなたに会うように私に伝えてきたのよ」などと彼に伝えても大丈夫でしょうか？

そんなことを伝えることで、私は少し変わっていると思われるのではないかとも考えました。

けれども、友人の母親は私の元から離れようとしません。

そこで、私はついに決心しました。

早速、彼の連絡先を調べると、メールを出すことにしたのです。

「ご無沙汰しています。お元気ですか？　久しぶりに、お茶でも飲みませんか？」と誘うと、予想もしていなかったであろうに、私からの突然のメールに対して彼から快い返事が来たのです。

こうしてついに、数十年ぶりに彼に会うことになったのです。

私は彼の亡くなったお母さんが、私にコンタクトをしてきたという話題に持っていくために、まず、彼がスピリットなどの存在を信じる人かどうか確認しました。

すると、彼は彼の息子に起こったエピソードを話しはじめ、スピリットの存在を信じると答えたのです。

それは、彼の母親が亡くなった日に、彼の息子の元に彼女がスピリットとなって現れたという話でした。

彼の息子は、父親である彼に向かって「今、お祖母ちゃんが僕のところにサヨナラって言いに来たよ！」と伝えてきたことがあったそうです。

そんなことがあってからは、彼も見えない世界のことを信じるようになったとのことでした。

彼が死後のスピリットの存在について信じると判ったので、私は彼に「あなたのお母さんのスピリットが、あなたに健康上の問題があると、私に話してくれたの」と伝えました。

すると彼は「うん、そうなんだ。アーモンドにとても敏感になってきてしまったんだ」と話してくれました。

そこで、私が彼にセッションを受けたいかどうか訊くと、「イエス」と答えました。

アーモンドの過敏性についてセッションをしていると、彼は、以前アーモンドスープを食べていたときに、嫌な気持ちになったある出来事について思いだしました。

そして、その出来事についてハートメタでクリアにしたのです。

彼と会ったのはそれきりなので、セッション後、彼がその後アーモンドに対してまだ反応してしまうかどうかは確認していません。

けれども、今ではそこまでアーモンドに対する危険性はおそらく無くなったのではないかと思っています。

このような食べ物からくる敏感さや繊細さは、その人がその食べ物から連想するトラウマ的な出来事と関係していることが多いのです。

つまり、その人が無意識にその食べ物とトラウマ的な出来事を結びつけているのです。

そして、それをそのままにしておくと、体調に変化をきたしてしまうこともあります。

ココロとカラダはひとつとはよくいわれることですが、まさに心の問題を解決していないことで、身体にそのサインが出てしまう、というケースをハートメタでは解決することも可能なのです。

エネルギーのバイブレーションレート（振動速度）が体調に影響することもある
――ロンドンのエネルギーで体調を崩した女性のケース

さて、あなたの体調に影響を与えるものは、食べ物だけではありません。

ハートメタのメソッドに加えて、私たちのエネルギーが外部的要因によってどのように影響を受けてしまうのか、認識しておくことも役に立ちます。

特定の場所や街、住環境が持つエネルギーが、あなたの心身にも影響を与えることもあります。

すべての場所は、その特有のバイブレーションレート（振動速度）を持っているからです。

たとえば、海辺と通勤ラッシュで混んでいる地下鉄のバイブレーションレートとでは、非常に異なります。

身体的な不快さ、たとえば頭痛などは、周波数を再調和することに目を向けると回復することがよくあります。

そんなケースについて、ここではご紹介しましょう。

イギリスのロンドンから、私の住むカナダにハートメタを学びに来た生徒がいました。

彼女がすべてのワークショップの日程を終えて、カナダからロンドンに戻った後で、それはじまったのです。

彼女が自宅に戻ると、体調がとても悪くなり目眩がして、彼女はいつもの自分ではないように感じてきました。

とにかく、なかなか改善しない不調にすっかり憔悴しきった彼女は、「助けて！」という思いで、私に連絡を入れてきたのです。

彼女の体調をここまで変化させてしまったのは、一体何が原因なのでしょうか？

セッションをはじめて、彼女に何が起きているのかチューニングを合わせてみると、私は彼女の身体はイギリスのエネルギーと相性が悪いことに気づきました。

カナダのバイブレーションレートに慣れてしまっていたため、不調和さが彼女の身体に影響を及ぼしていたのです。

彼女のバイブレーションレートをもう一度調和的な状態にするために、私がハートメタで彼女と一緒にワークをすると、彼女の体調はすぐに回復しました。

これはハートメタが、感情の問題だけでなくエネルギーの性質による問題についても明らかにすることができるというひとつの例です。

ハートメタは、感情的な問題並びにエネルギー的性質が原因の問題も明らかにする為の支援ができます。

このケースでは、この生徒のエネルギーシステムがカナダの周波数レートに慣れてしまい、その後ロンドンに戻ると、周波数が非常に異なったために、彼女が、自分一人ではそれをたやすく調整することができなかったのです。

私たちは自身の人生において、あるひとつの場所の方が他の場所にいるよりも快適であると気づくことがしばしばあります。

もしかしたらあなたも違う環境にとても敏感であることを、ご自身で判っているかもしれません。

特に自分はスターピープルであると感じている人たちにとっては、この敏感さはとても強いものかもしれません。

ですからあなた自身の周波数の振動を再調整する方法を学ぶことはとても役に立つでし

ょう。

治ったはずの症状が繰り返すこともある
――過敏性腸症候群の女性のケース

あなたの心の在り方が体調に影響を及ぼすという、もうひとつのケースを挙げてみましょう。

ある一人の女性が、知り合いのドクターから紹介されて私の元へとやってきました。

その女性は、重度の「過敏性腸症候群」を患っていました。

彼女のあまりのお腹の痛さに、ドクターはモルヒネまで処方していたと言います。

ところが、モルヒネを用いても、彼女のお腹の痛さは耐えられないほどだったのです。

彼女のお腹をここまで痛めつけるのは何が原因なのでしょうか？

ハートメタセッションをすると、彼女は自分が感じるすべての怒り、いらだちの思いを外に一切出さずに、自分の内側に閉じ込めたままになっていることが原因だとわかりました。

彼女が感じる怒りの言葉は、喉元まで出てきていたとしても、決して彼女の口から発せられることはなく、そのまま喉元からお腹の中に飲み込まれていたのです。

そんな怒りの感情を飲み込み続けるストレスフルな習慣が続いたことで、彼女の内臓はすっかり痛めつけられてしまっていたのです。

そこで、彼女がハートメタのセッションを数回受けると、その後、症状は和らいで、体調も落ち着きを取り戻しました。

ところが、９カ月後に再び彼女は私の元へやってきたのです。

なんと、再び、症状のひとつが戻ってきたと言うのです。

私は彼女に訊ねてみました。

「前と同じような症状が戻ってきたということは、最近、何か変わったことはあったの？」

「特に何も起きていないけれど……」

そこで、セッションでは、「私の健康上の問題が再発した」ということに意識を向けてもらいました。

すると、彼女に友達を失ってしまうという想いが浮かんできました。

彼女はこの感情に気づくことができずにいたため、症状が再発していたのです。

それから、彼女は親友の結婚式に参加するためにしばらく前にスコットランドへ行ってきたと話してくれました。

このことが引き金となり、彼女にこの問題が戻ってきていたのです。

セッションを通して彼女は自分の親友を失うのではないか、と動揺していたことに気づきました。

「親友は結婚してしまったから、以前ほど私と一緒に時間を過ごすことができない」

彼女は、結婚した親友は忙しすぎて自分との時間はないだろうと心配していたのです。彼女がその深い所にあった想いを明らかにし、それを癒すと、症状は直ぐに治まりました。そのくらいめざましい変化が起きたのです。

これは私たちの身体がどれほど心配などの感情に影響を受けるか、というひとつの例です。

ハートメタを通して、マインド、ボディ、そしてスピリットのバランスをとることもできるのです。

心のプロのトラウマも突き止めて癒す

――離婚した女性心理学者のケース

かつてカナダで、ある心理学者の女性が私の元へやってきました。

彼女は、自分のクライアントとのカウンセリングが終わると、時々どっと疲れてしまうことに悩んでいました。

しかしながら、自分でも、その理由が分からずにいました。

とにかく、そのあまりの疲労困憊ぶりは生活にも支障をきたすために、その原因を突き止めるべく、私に会いに来たのです。

実は、彼女は自分の子どもがまだ小さい頃に離婚をしていました。彼女の元夫はカナダでも名前の知られた弁護士でした。

けれども、その夫は彼女に対して言葉の暴力がひどく、暴言を吐いては彼女を傷つけるために、彼女は彼と離婚して、すでにその離婚からはもう何年も経っていたのです。

彼女は、言葉の暴力を振るう元夫との関係性はすっかり過去のものになっていると思い込んでいました。

ところが、実際にはまだそうではなかったのです。

心理学者である彼女の元には、過去の彼女のように言葉の暴力を振るう夫との関係に悩んでいる多くの女性がクライアントとして訪れていました。

そして、彼女自身が経験したことに似たようなケースの相談内容を聞くと、彼女は疲労困憊してしまうのでした。

彼女は、そのようなクライアントを助けることが、自分には重要であると感じていました。

同時に、彼女自身が暴言を吐く夫との関係性について、実はまだ執着していたため、過去の自分と同じような体験をしている女性たちの相談を受けると影響されてしまい、それが疲れとして現れていたことがセッションを通して明らかになりました。

もしプラクティショナーが自分のクライアントと似たような状況を経験したことがあった場合、その課題や問題についてプラクティショナー自身が申し分ないほど十分に既に取り込み終えていることがとても重要です。

そうすることで、もしもクライアントが過去の自分に似たような課題を抱えていて、それについてセッションをしたとしても、プラクティショナーが動揺したり影響を受けたりすることはなくなるからです。

プラクティショナーが、クライアントと似たような課題をあまりにも多く未解決のまま抱えていると、クライアントの人生について詳細を聞かされることでセンタリングの状態から外れ易くなり、また影響されてしまうのです。

もしもプラクティショナーが動揺したり疲れたりするのであれば、そのセッションで取り扱ったものと似たような課題について、まだ取り組む必要があるということになります。

日本におけるハートメタ体験者たちの声

それでは、ここで日本におけるハートメタの体験者の声をお届けしたいと思います。

日本で初めて開催したハートメタ認定プラクティショナー養成講座以来、今では何人もの認定プラクティショナーが誕生しました。

最初は、それぞれ問題を抱えていたり、自らの生き方を探してハートメタを体験していた各々の中からは、今では自らがハートメタの認定プラクティショナーになる人も次々に増えてきています。

そして、かつての自分と同じように生き方を探しているクライアントの支援をする立場になっていることを私は大変喜ばしく思っています。

体・験・談・①

苦しむ人たちに寄り沿い、ハートメタで光を見出す支援をしたい

ハートメタに出会う前までは、長い間、自分の人生に満足できず、何をしても上手くいかないもどかしさや苦しみを抱えながら、ときには鬱状態なども経験して希望が持てずにいました。

当時は、「このままつまらない人生を生き続けて、人生最後の日に後悔するのか」とため息をつきながら日々過ごしていました。友人にそんなことを漏らすと、「マジメ腐っていて、逆に笑える！」と言われてしまったこともありましたが、私はいたって真剣にもがいていました。

一方で、どこかで幸せになる事を諦めきれない自分もいました。

そんなこともあり、過去にスピリチュアル関係のワークなどは幾つか経験していましたが、「今度こそ、変わりたい！」という思いでハートメタ認定プラクティショナーのトレーニング講座を受ける決意をしました。

まず、ハートメタの効果を本当に実感したのは、講座を受けた後に、認定を受けるためのトレーニング期間中、受講仲間と交換セッションをしていたときのこと。セッション中、第４チャクラを中心に、胸、肺、胃のあたりに空間が生まれて、それが体の中で広がり、喜びの感情が流れ込んできたのを感じたのです。

その初めての体験には圧倒され、幸せな気持ちになり、セッション中に思わず笑い出してしまったほど。

そのとき、ハートメタは、改めて、とてもパワフルなメソッドだと感じました。

そしてハートメタで、私が安心したことは、仮にクライアントがセッションで何も変化を感じられなくても、「ブロックが強いからダメなのだ」というような捉え方はしない点です。もしクライアントが何か特に感じ取れなくても、なぜ自分は何も感じないのかなどと考える必要も、自分を責める必要もない、とサンドラさんは私に伝えてくれました。

そんなこともあり、自分のペースで癒しの旅路を歩む覚悟ができたように思います。

ハートメタと出会ってからの大きな変化としては、何よりもまず、自分自身が悩まずに答えを出せることが多くなったことです。

もちろん、まだヘコむこともありますが、マイナスの状態に長くとどまらず、気持ちの切り替えが以前よりも上手にできるようになったのです。

また、認定プラクティショナーとしてハートメタのセッションをクライアントにしている際には、クライアントの心がすっきりしていく様子をみてうれしく思い、セッションをすること自体に喜びを感じるようにもなりました。

ハートメタプラクティショナーとして認定を受け今は、変わりたいけど何をどうしていいかわからない、負のサイクルから抜け出せないと感じている人たちに向けて、慈愛を持って支援をしていけるようなセッションを提供したいと感じています。

自分自身も、もがき苦しんできた過去があるので、同じように苦しむ人たちの気持ちには共鳴することができるとも思っています。

そして、そんな人たちに「私も光が見えたのだから、あなたも大丈夫だよ！」と伝えてあげたいです。

（40代半ば・女性　カウンセラー、ハートメタ認定プラクティショナー）

体・験・談・②

魂の目的を探すスターチルドレンたちをサポートしていきたい

ハートメタを受けるきっかけになったのは、意外にも、2016年の衆議院選挙のときでした。

それまでの私は、感受性が強すぎることから、世の中であふれる情報から自分を守るために自分を閉じる傾向がありました。

ところが、この選挙の時期に、それまで、まったく政治などに興味はなかったのに、初めて、自分の国や人々の未来について真剣に考えるようになったのです。

けれども、どのように外に向かって自分を開いていけばいいのかわからずにジレンマを感じていました。

そんなときに出会ったのが、サンドラさんでした。

初めてハートメタを受けたときに感じたのは、「あ、今、宇宙とつながった」ということ。

それは、言葉にできないほどの安心感であり、また、その感覚は長い間ずっと探していたものでした。

そして、こんなに幸せを感じられるものなんだ、ということを実感できたのです。

この絶対的な安心感がハートメタに出会うことで得られた一番大きなものだと言えるでしょう。

これまで、「同じ失敗をしたくない」とか「自分には無理だ」という思いが、自分が変わることを妨げていたように思います。

けれども、ハートメタを受ける度に、そんな感情も解放されていき、たとえ、何が自分に起きたとしても、落ち込む必要などはないこともわかりました。

ただ、大切なのは次に自分が違う選択をすればいいだけだということがわかりました。

また、光栄なことに、日本でのハートメタ認定プラクティショナーとして第一号になることができました。

これからは、魂の目的を探しているスターチルドレンのみなさんにセッションを提供していきたいです。

その方たちは、かつての自分がそうであったように、繊細すぎて生きづらさを抱えていることが多くあります。

そんな悩み苦しむ人たちに、「答えはちゃんとあなたの中にあるんだよ。だから大丈夫」ということをセッションを通して伝えてあげたいと思っています。

そして、仲間やこれから出会う人たちと共に、これからの真の平和な世の中を目指して、一緒に歩んでいければと思っています。

（30代後半男性・ヒーラー、ハートメタ認定プラクティショナー）

体・験・談・③

長年抱えてきた生きづらさを解放したら、人生がダイナミックに転換

小さい頃から、生きづらさがあり、同時に人からも理解してもらい難い部分があるのを感じていました。

例えば、他の人にはすんなりできることが私には難しかったりできなかったり、人との興味のポイントがずれていたり……楽しいことややりたいことはたくさんあるのに、生きることに対する活力やモチベーションが弱く、いつも苦しさを抱えている部分がありました。

20代からはその苦しさをなんとかしたいと、心理学やセラピーを学び、カウンセリングも少なからず受けてきました。もちろん、それらのセラピーも有効で効果は感じていましたが、どこか自分の奥の方で表現できない違和感や苦しさは抱えたままでした。

そんなときにサンドラさんとの出会いがあり、ハートメタを受けることにしました。

ハートメタではサンドラさんのナビゲートにより、幼少期から抱えてきた違和感と苦しさがどこに起因するのかを認識・解放することができ、それによってこれまでのセラピーやワークでは感じたことのない大きな解放が起こりました。

ハートメタによって解放してもらったというよりは、自分自身がその苦しみから自由であるという許可を自分に与えることによって、解放されたと言ったほうがいいかもしれません。

その後も、ハートメタを受けるたびに、自分の中で凝り固まっていた部分をよりシンプルに手放すことができ、人生がダイナミックに動き出す感覚を日々感じるようになりました。

また、ハートメタを受け続けることにより、一見自分にとって望まないように思える出来事が起こったときにも、大きな視点で見ると自分の生まれてきた目的に向かって必要なことが起こっているだけで、必要な調整が自然になされているという捉え方ができるようになりました。そして、そんな風に捉えられるようになると人生に対する信頼感が大きく増しました。

現在では認定プラクティショナーとして、クライアントさんの変化を見守らせていただく立場にあります。

クライアントさんたちが、自身の人生の目的を思い出し、才能を輝かせて自分を生きるために、必要な癒しが自然な形でなされていくことをワークを通じてサポートさせていただきたいと思い活動をしています。特に、生きづらさからの解放、不登校や育児(育自)の経験を通じて、学校や社会において生きづらさを感じている方、子育て中の方、生きる意味を積極的に見出しづらいと感じている方などをサポートさせていただきたいです。

また将来的には、事業活動の福利厚生や教育の中でも様々に活かしていきたいと思っています。

(40代前半・女性、事業家、ハートメタ認定プラクティショナー)

体・験・談・④
ハートメタでバージョンアップした自分になれた

ハートメタの威力を知ったのは、サンドラさんの個人セッションにおいてです。

施術中は、細胞の隅々にまで、過去の記憶が癒されるという感覚を感じました。

それはまるで、ハートの上にボタンのスイッチがあって、そのボタンを押すと、魂とつながっていくような感覚といえばいいでしょうか。

その後も、ハートメタを受ける度に、細胞も含め自分というテリトリーのすべてにおいて、新しい自分になることを繰り返している感じがしています。

ハートメタに出会う前までは、日常生活において、何かの問題に直面した際などは、そこから抜け出すことができませんでした。

けれども、ハートメタの個人セッションを数回体験した今では、自分をより俯瞰的に見ることができるようになったのです。

そして、自分がここにいるという感覚がはっきりとわかり、外の世界から圧倒されているような感覚も減るようになりました。また、自分は全体の一部であり、私もその全体の中に溶け込んでいるということを実感できるようになったのです。

もちろん、今でもいろいろと悩みや問題はあるのですが、ハートメタによって、まるで自分というハードの部分が進化して、バージョンアップしたように感じています。

たとえば、かつてからの知り合いだったママ友たちとも、今では昔の自分がどういうふうに接していたのかがわからないくらいに、以前の自分から今の自分が新しくなってしまっているのです。

加えて、これまでと同じ問題が浮上したときなどには、「これは、エゴが原因になっているパターンだな」とか、「これは、自分とは違う何かのエネルギーに作用されているな」などということがわかるようにもなってきました。

サンドラさんにも、「過去のあなたと今のあなたでは、まったく別人になったかのようね」とも言われています。

私にとってハートメタとは、自分自身が変容するということを強く支えてくれる手法だと思います。

（40代前半・女性・主婦）

第4章 ハートメタをもっと理解するために

――ハートメタを知るためのガイダンス

直感と思考の違い

あなたにも、日常生活を送る中で、あるアイディアが、「ピン!」と浮かんでくることがあるでしょう。

でもそんなときに、「これは直感? それとも、今、自分の頭で考えたこと?」などと自分でも悩むこともあるのではないでしょうか。

それでは、直感と思考の違いはどこにあるのでしょうか？

高次の意識、たとえばあなた自身のハイヤーセルフとつながりたいと願うとき、ある人たちはそのことを「あなたの直感にチューニングを合わせる」と表現します。

直感とは、理性的な思考なしに知っているという感覚です。それに対して思考には、考えることが含まれます。

人がどのくらい直感を使えるかどうかは、その人がどのくらいセルフエスティーム（自己肯定感・自尊心）を持っているかによります。セルフエスティームに欠けるとき、その人は自分自身を信頼していません。自分に対して疑念があるので直感を信じることができないのです。

ですから、セルフエスティームを発展させ自己信頼をすれば、直感力も伸びます。

言い換えれば、本当に直感を発達させたいのであれば、十分なセルフエスティームを持つことを確実にしなくてはならないということです。

セルフエスティームが低いのには、たくさんの理由があるかもしれません。そして高いセルフエスティームを一瞬にして得ることはチャレンジングなことではありますが、時間をかけて高めることは決して不可能ではありません。

ただ、それには自己の発展と成長をするためのワークが求められます。

ハートメタ（Heart Metta™）は、セルフエスティームを高めるためにとても効果のあるメソッドです。

ハートメタで、セルフエスティームが低い原因を明らかにして、改めることができます。

直感はすべての人が持ち合わせているものであり、この人の直感は強い、あの人の直感は弱い、というものではありません。ただ、他の人たちよりももっと簡単に自分の直感にアクセスできる人たちもいるのです。

もしあなたがとても忙しいマインドを持っていて、頭が思考でいっぱいならば、その状態はあなたが自分の直感にアクセスすることを余計にチャレンジングにするでしょう。あなたが自分のマインドを静めることを学んだとき、他に何が起こっているのか直感レベルで感じ取ることができるようになります。

ハートメタの認定プラクティショナーは、すでに自己のワークをして、コアな部分をクリアにし、忙しいマインドを静めています。このことによって、彼らは自分の直感にアクセスすることができるのです。直感にアクセスすることによって、認定プラクティショナーはハートメタのセッションにおいて、クライアントにとって最も適した流れに沿ってそのクライアントをガイドすることができます。

そのため、同じセッションは決して二つとないのです。セッションの流れにはオーガニック（系統的な）プロセスがあります。

多くのスピリチュアルな賢者たちは、「人生で最も長い旅路は、脳（思考）からハートへの旅路だ」と語ります。この旅路は、私たちをオーセンティックセルフ（真の自分）の目的地へと連れて行ってくれます。そこはより多くの真実が私たちを自由へと放ってくれるところです。

私たちは、悟りを得るために世界中を旅してスピリチュアルなガイダンスを探すこともできます。しかし実は、この頭からハートへのおおよそ30センチの旅路の移動が、多くの人々が長い人生をかけて到達しようとしていることなのです。

私たちが脳の知識を使うのではなく、ハートの叡智を使って決断を取りはじめると、私たちは直感をきちんと使っていることになります。これが人生のすべての心配やストレスを取り払ってくれるでしょう。

もしかしたら、あなたが不幸な日もあるかもしれませんし、何か悲しいことが起こる日もあるかもしれません。それでもハートの叡智を使っていれば、あなたは悲しみの瞬間に圧倒されてしまうことなく、そんな日を楽々とこなすことができるのです。

感情の扱い方

あなたの経験する世界は、あなたがどこに意図を設定しているか次第です。

あなたはいままで、ハッピーチャンネルにフォーカスしたことがありますか？

あなたがご自身の周波数をシフトして内側の現実を変えれば、外側の現実も変わります。


ほどんどの人は、もし何かポジティブなことが起これば私はハッピーになると考えます。

たとえば、もし私に良いパートナーがいたら私はハッピーになる、とか、もし私がたくさんのお金を持っていたら私はハッピーになるなど。


でも実は、それは逆なのです。

私たちはパートナーシップに対する恐れや心配を癒したときに、理想のパートナーを引き寄せます。そして金銭的な問題に対する恐れ、心配、お金が足りないという感覚を癒したときに、私たちは自分自身が豊かであると気づくのです。

科学者たちでさえ、私たちの思考は私たち自身の現実を創造するということを示し始めています。

私たちの内側のフィーリングが、私たちの外側の人生の脚本を創るのです。

人はときに、手放したいと思っているにもかかわらず、それにしがみついているように見えることがあります。

癒しのプロセスを始めるひとつの方法として、仮にあなたが20個の怒りの箱を持っているとしたら、そのうちのいくつの箱を、まさに今、放り出すのか？　と自分に訊くことができるでしょう。

もしかするとあなたは、まだひとつしか放り出せないかもしれませんが、それがスタートです。

とはいえ、他の人たちのせいだと主張し自分自身の責任を取ることを拒む人は、単に被害者であり続け前進することはできません。

認定プラクティショナーとハートメタを行うことによって、行き詰まってしまった理由を明らかにし、それらを解決することができます。そうして人は、自分自身で易しく対処できるような責任の取り方を発見できるのです。

実は、少し前に私にもこんな出来事がありました。

私のウェブサイトの管理を依頼した会社のサービスが能率的ではなかったので、一年間の契約を結び手数料を支払ったばかりだったにもかかわらず、管理会社を変更しなければならなくなってしまいました。そして、無駄な出費をすることになり、私は怒っていました。

その日は金曜日だったのですが、そのとき私は、週末はずっと怒っていることを自分に対して許しました。そして、その週末に会った友人には「私、もしかすると不機嫌かもしれないから、そのつもりでいてね」と伝えました。

そして、月曜になると、すべてのイライラした気持ちや不機嫌さはなくなり、そのことはすべて終わりました。

これは私たちが自分自身に、そして自分自身のフィーリングに正直であるということです。自分が本当に感じていることから、何か他の違うものへと押し付ける必要はありません。

大切なことは、自分が感じていることを、なぜ感じているのか理解することです。そして単にこれを理解することだけで、私たちは新しい周波数へと運んでもらえたり、ネガティブなフィーリングが消え失せたりするときもあります。

健全なバウンダリー（境界線）とは？

いかなるときも、私たちはみな、状況がどうであれ、感情的、メンタル的、身体的、感情的なすべてのレベルにおいて健康でいるために、健全なバウンダリー（境界線）を持つことが大切です。

では、健全はバウンダリーとは、何を意味するのでしょうか？

私たちが自分自身をオーセンティック（真）に表現できて、何が適切で何が自分にとって健全であるか尊重できているとき、それが私たちを高いバイブレーション（振動）に保ってくれます。高いバイブレーションを持っているとは、私たちが自分自身と、そして他者とも、平和で調和のとれた人生を生きているということです。

健全なバウンダリーを持ち損なうと、怒り、憤慨、そして不幸を生み出す原因となります。あなたはこのことについて顕在的に気づいているかもしれませんが、ときには、それが他の方法で出現する可能性もあります。たとえば、疲れを感じる、頭痛がする、または身体の他の部分に何か不快さがあるなどです。最悪の場合、それは病として現れます。

私たちの人生における状況は、エネルギーの増強もしくはエネルギーの減少のどちらかとなり、時折、エネルギーにとって中立となります。

ポジティブに感じることで、私たちは増強エネルギーに反応し、エネルギーが減少する状況においては、私たちはそれらを望まない状況であるように感じるのです。私たちが自分たちにとって何が健全なバウンダリーであるか認識していないときには、知らぬ間にエネルギーを減少させる状況下にいる自分自身を見つけ出すこととなってしまうのです。

また、どんな方法でワークをするにしろ、どんなプラクティショナーであれ、クライアントとワークをするときには健全なバウンダリーを持っていることが重要です。癒しのバウンダリーに欠けているということは、このプラクティショナーはエネルギーが減少していて具合が悪くなるケースもあります。

もちろんこれは、プラクティショナーだけではなく、日常生活を送るうえで人間関係の在り方においても、すべての人たちに当てはまることです。

たとえば、あなたが親しい友人から「今晩、遊びに行こう」と誘われたとします。けれども、あなたは、その日少し疲れていて、どちらかというと家でゆっくりしたいな、と思っています。

そのような場合、健全なバウンダリーがない人は、義務感から断ることが出来ずに、その誘いに乗ってしまうのです。そして、遊びに行ったとしても、なんとかして早く家に帰りたいということばかり考えてしまい、友人と一緒に過ごしていても上の空になってしまいます。

そんなときのあなたは、〝オーセンティックな（真の）あなた〟ではありません。

一方で、健全なバウンダリーがある人なら、「今日は疲れているから、一緒に行けなくてごめんなさい。でも、あなたとは会いたいから、別の日にできる？」ということが言える人です。

これは決して自分勝手な発言ではありません。

自分のことを自らケアして、自分を大切にできる人ならこのような発言ができるでしょう。

日常生活におけるそんなよくあるシーンにおいても、健全なバウンダリーがあれば、自分の選択がオーセンティックな自分の選択かどうかを見極めることができます。

ある文化においては、礼儀正しくありたいと思っていることから、ついつい人の意見に流されてしまう人や状況も多いのではないでしょうか。

たとえば、会社の人や友人たちとの食事会などでも、「皆がビールをオーダーするのなら私もそうしよう」と気を遣って好きでもないビールを頼んでしまう人だっているかもしれません。

そんなときは、あなたの内側のオーセンティックなあなた自身に耳を傾けて、「本当にビールが好きなのか？」と問いかけてみるのもいいでしょう。

すると「いや、本当は、ビールは好きじゃない。ワインの方が好きだ」という答えがわかるかもしれません。

そうしたら「実は、私はワインの方が好きなので、ワインを頼んでもＯＫですか？」というのが食事会などでの適切な行動でしょう。

他の誰かがビールを飲んでいたとしても、別の人がワインを飲むことにまったく問題はないのですから。

人というのは、シンプルに本当の自分自身になる代わりに、他の人々の意見を基にしてこのように振舞うべきだ、と思っている様に振舞うことに対してあまりにも慣れてしまっています。

ハートメタを通して、あなたは完全にオーセンティックになることを学ぶことができます。

自分自身のトゥルー（真実の）ハートに応じて生きている人が、健全なバウンダリーを行使できる人です。

アウェイクニングと自己実現

目覚めている人とは自分自身の人生に対して責任を取り、自分のバイブレーションレート（振動速度）に気づいていて、そしてその人自身の思考が自分の外側にある世界を形づくるということを理解している人です。

また、目覚めている人は誰も批判せず、誰も非難せず、宇宙の法則を認識している人です。

あなたが低い周波数で振動しているとき、あなたは隔たりがあるような、または独りぼっちの感覚を経験するでしょう。

また、周波数という話になると、最近よく〇〇ヘルツの周波数やその音楽を聴くとよいと本やCDなどで紹介されていることから、「そういった音楽を聴けば自分の周波数も高くなるのか？」という質問などもいただきます。

音楽はあなたの周波数レベルを部分的に変更できますが、もしもあなたが変化することに抵抗しているならば、あなた自身が自分の周波数をシフトする能力に影響を及ぼしてしまいます。

結局は、何かや誰かがあなたを変えるのではなく、あなたを変えられるのはあなた自身しかいないのです。

ヒーリング（癒し）とキュアリング（治療）の違い

ヒーリング（癒し）とキュアリング（治療）の定義について多くの人は混乱していて、治療されたときに人は癒されると思っています。

そして、これが生きるか死ぬかというときには、特にそう考えられがちです。

癌で死にゆくのは癒されていない、と多くの人が思っています。でも実はその人が亡くなると、もう癌に侵されていなくなるので癒されるのです。

多くの人は、誰かプラクティショナーやセラピストやヒーラーといった人が自分を治してくれるという希望をもって、その人に会いに行きます。

現実としては、クライアントが自分自身を癒す人なのです。プラクティショナーはそれを促進するだけです。

ハートメタでは、クライアントが新しいレベルの気づきへシフトできるように、そのプロセスを認定プラクティショナーがガイドします。それがヒーリングと呼ばれるシフトです。

クライアントの健康が、たとえそれがメンタル的、身体的、または感情的な健康であれ、ハートメタのセッションによって最適な状態へ戻ることも多くあります。ここでワークを行うのは、クライアントなのです。

何年も前に、私がホリスティッククリニックで働いていたとき、交通事故に遭って脳に怪我を負った若い男性が、腕の震えに対して癒しを求めてやってきました。

私の直感は、その若者が自分の震えている腕を受け入れることを学ぶと癒される、と伝えてくれました。

それが治療と癒しの意味の違いです。

治療とは、彼の腕がもう震えないという意味です。彼の自分の震えている腕と共に生きて、そしてそれを受け入れるという学びにより、彼はもっともっと幸せな人生を生かされるようになるのです。それが癒しと呼ばれるものなのです。

「できない」と「しない」の違い

「これは、私にはできない！」

「それは、絶対に無理です！」

自分にとってハードルが高いことに直面すると、ときにはこんな発言をする人もいるのではないでしょうか。

人生における特定の状況において、私たちが何かをすることが実際に「できない」という場面があります。

たとえば、地球には重力が存在し、ビルの3階の窓から飛び降りると大けがをするのは明らかですので、「私はビルの3階の窓からは、飛び降りることができません」というのは真実です。

そのほかの多くの状況において、私たちが「できない」というとき、「進んでする気がないからしない」という意味のこともあります。

たとえば、「私は自転車に乗ることができません」というとき、それは100%真実ではないかもしれません。

もしも自転車に乗らなければならないのであれば、乗ることはできる。ただ、自転車に乗ることに対して快適に感じないので、だから、「私は乗ることができない」というのであれば、真実は、「私は乗りたくない」ということになるでしょう。

私たちは、何かをすることが「できない」と言うとき、私たち自身に正直であることが大切です。

なぜなら、「できない」とは、実際には「したくないからしない」ということがしばしばあるからです。

とはいえ、何かを「したくない」ときに、私たちは自分自身をジャッジする必要はありません。自己批判をする代わりに、なぜしたくないのかを理解するための時間を持つのが良いでしょう。

それが理解できれば、その抵抗感を癒せることがよくあります。

自分のストーリーを知る大切さ

「地球を去りたい……」

この本を読んでくださっている方の中には、そんなことを思ったことのある人もいるかもしれません。

そんなあなたは、病院に行けばうつ病だと診断されるのでしょうか？

あなたは、本当に精神の病を患っているのでしょうか？

もしかしたら、あなたは単にこの地球という惑星に生きることが、快適ではない人なのかもしれません。もしかしたら、あなたは他の星から来たとさえ感じていて、そのために地球ではない他の惑星の現実に慣れているのかもしれないのです。

ときに人々は、そのような人たちのことをスターピープルと呼びます。

彼らは自分がスターピープルであることに気づいていないかも知れませんし、地球人であることに対してハッピーではないかも知れません。

かつて私は「傷つきやすい」というクライアントに会ったことがありました。

しかし、その人の心の奥にある本当の想いは、「傷つきやすい」ではありませんでした。

そのクライアントは、この地球で生きる人間であることを、もうやめたかったのです。ただ、自分の身体から出たかったのです。そして、その身体を脱ぎ捨てたら、自分はやっと幸せになれるのではないか、と思っていたのです。

つまり、そのクライアントは、本当は「傷つきやすい」のではなくて、「幸せになりたい」と思っていたのです。

「もう地球にいたくない」
「もう自分の星に帰りたい」
「もう人間として転生したくない」

若かりし頃、同じように感じていた一人として、私は彼らがどのように感じているか本当に共鳴し理解することができます。

私はとてもホームシックで、この地球が生まれ故郷とは感じませんでした。

そんな私から、そんな風に感じている人たちに、お伝えしたいことがあります。

それは、その人たちも自分自身が地球という場所を選んで冒険をしに来ているということです。

そして、この地球で幸せを見つけるためにここにいる、ということに気づいてもらいたいのです。

そのためにも、スターピープルだけでなく、この地球にいる一人ひとりが自分のストーリーを知るとよいでしょう。

私が、ある一人に会って、「元気？　最近、調子はどう？」と挨拶の声をかけたとします。

すると、その人は返事として、お決まりの一言を返してくれます。

「もちろん、元気にやっているよ！」

次に「では、ここに手を置いてみて」とハートメタポジションをとってもらい、もう一度同じことを訊いてみます。「元気？　最近、調子はどう？」

すると、その人の答えは、今度はまったく違ったりします。

これは実際、表面下では、まったくＯＫではないにもかかわらず、人の脳がすべてＯＫだと伝えてくることの現れです。手をハートメタポジションに置くことによって、人は自分の意識的マインドのまったく違った側面を発見します。

自分自身のストーリーを知り、それを認めることで、人はやっと前に進み、犠牲者でいる代りに、自分で望むストーリーを創り始めることができるのです。

自分自身のストーリーに気づくようになり、それを自分が認めることで、あなたは変化することができはじめ、そして犠牲者でいるのではなく、あなたが欲する人生を創造するのです。

多くの人は、自分の中にセンサーシップを持っていて、自分自身をジャッジしています。そして「こんなことを思ってはいけない」「こんなことは言うべきではない」という独り言を創り上げます。

これは、調和を保つために社会に順応しなくてはいけない、と感じているように見受けられる人々が多い所では、特によくあることです。

人々は本来の自分のフィーリングを抑えつけることにとても慣れていて、本当は自分が誰であるのかという自身のストーリーにまったく気づいていないのです。

ハートメタは、人々が真実の自分自身を発見できるようにしてくれます。

ハートメタで、聞きたくないかもしれないけれど、聞く必要のあることを聞くことになる

ハートメタの目的のひとつは、あなたが、もっとハッピーバージョンのあなたに前進す

るということです。これを成し遂げるためには、もしかしたそのジャーニー（旅路）は常に快適なものではないかもしれません。

ときに人は、自分自身から自分の本当のフィーリングを隠しているので、元気だと思っているだけなのかもしれません。

そんな人は、自分が幸せでないと自覚しているかもしれません。とはいえ、その人は、自分が実際はいかに不幸であるかまでは自覚していないのかもしれないのです。

私たちの内側が幸せになるために、私たちは重なった不幸のレイヤー（層）を取り除かなくてはなりません。

そしてこれらの不幸のレイヤーは、もしかしたら深い所に埋められているかもしれません。

そんな人たちは、ハートメタのセッション中に深く埋め込んでいた怒りや悲しみといった感情のレイヤーが、表面に浮き上げってくることに気づくかもしれません。

クライアント自身が対処できないようなことは、何ひとつ浮き上がることはありませんが、けれども、それは大きな感情の開放となりえます。

解放後、前より軽く感じる、輝きが増したように感じるという報告を、クライアントから頻繁に受けます。

また、クライアントはすっかり異なる展望から世界を見るようになります。新しいレンズを通して自分の人生を見るのです。

これは人生の修正となるかもしれません。彼らは今まで一度もしたことがなかった、「人生を楽しむ」ということができるのです。

もしある人が、いままで自分自身に嘘をついてきたならば、この嘘はむきだしにされます。そしていつもながら、真実がその人を自由の身にしてくれるのです。

本当の癒しは、実際は何がその人を悩ませているのか見つけ出し、それをクリアにしたときにきちんと起こります。

ＯＫではないのに、すべてがＯＫであると偽ることは、その人に癒しの機会を与えません。

数多くあるヒーリング関連のワークショップには、その場限りの癒しが与えられるものもしかしたら多いのではないでしょうか。「よかった、癒された！」と感じたとしても数日経つと、ワークショップで感じたいわゆるハイな感覚は消えていったりするかもしれません。

本当の癒しは、何があなたを悩ませているか明確にして、それを理解し、そしてそれをクリアにすると起こるのです。そうすれば一時的なハイはもう無くなります。ポジティブなフィーリングは長く続くものなのです。

ハートメタ認定プラクティショナーへの旅路《ジャーニー》

現在、ハートメタの認定プラクティショナーが世界各地で育ちはじめています。

ハートメタプラクティショナーの認定を受けるには、どれくらいの期間が必要なのかと訊かれることがありますが、その答えは、一人ひとりによってそれぞれ違うと言えるでしょう。

たとえば、その人がこれまでどのようなワークを行ってきたのか、また、意識がどれだけ目覚めているのか、ということで認定プラクティショナーになる準備ができているかどうかが決まってきます。

初めて日本でハートメタの認定プラクティショナートレーニングのコースを開催したときは、参加者のうち、たった一人だけがそのとき、直ちにプラクティショナーに認定されました。

そしてその後、その中からさらに多くの人が数カ月かけて自分のクリアリングに努めることで、無事に認定プラクティショナーになることができました。

現在、プラクティショナーの認定は私自身が行っていますが、もし、ハートメタプラクティショナーに認定できないというケースがあるならそれには理由があるからです。

ここにいくつか理由を挙げます。

①その人がまだ自分自身のワークができていない。つまり、その人の課題のコアな部分をまだクリアリングできていない場合。

②その人がセンタリング（中心にいること）とグラウンディングした状態を保てず、自身の体から抜け出てしまう場合。もしもその人がグラウンディングしていることに対してチャレンジングであると感じるのであれば、クライアントとセッションを円滑に行うことは難しいでしょう。なぜなら、その人はクライアントと一緒にそこに存在していないことになるからです。

③自分自身の個人的アジェンダ（検討課題）や問題を持っている人たちは、クライアン

トに対してのプラクティショナーとしては適切ではありません。よい認定プラクティショナーになるためには、完全にオープンマインドで、クライアントはこうすべきだ、またはこうすべきではないなどの意見を持つことは控えなくてはなりません。

④認定プラクティショナーは、そのクライアントにとって何が最高最善なのかだけにフォーカスできなくてはなりません。

すべてのハートメタ認定プラクティショナーは最高の誠実さをもってワークをし、彼らができるベストをもってそのクライアントに貢献します。

ハートメタ認定プラクティショナーは、全員、年に一度のレビューを受けその登録を維持しています。

幸せのコツは、「そうしている」のではなく「そうである」こと

一般的に考えれば、世の中の人々は皆、その人たちなりに、どんな人でも「幸せになりたい」と思うし、「幸せになろう」とするものなのではないでしょうか。

お金を出して幸せを買おうと思っている人も多いものです。

幸せを求めるために、物質欲に走りショッピングにあけくれたり、また、ドラッグやセックスに溺れたり、パーティーなどでつかの間の楽しさを味わう人もいるでしょう。

人によっては、甘いお菓子などで幸せを感じようとする人もいるかもしれません。


どちらにしても、人は何か外部的な手段で幸せを手に入れよう、幸せを自分の元へ引き寄せようとしているのです。

つまり、自分の上に〝幸せになれるもの〟を加えたり、重ねたりすることで幸せというものが感じられると思っているのです。

でももし、あなたの内側の深いコアの部分に悲しみがあったりした場合、その上にいくら幸せをもたらしてくれそうなものを重ねても、決して、幸せになることはできないのです。

多くの人は自分が欠乏していると感じています。そんな人たちは喜びの感覚に欠けていて、外側の物質的なものを使って自分自身の内側の空っぽさを満たそうとします。それをいくら満たそうとしても、お金持ちになっても、有名人と知り合っても、それでもなおこの不快さは続くのです。

しかし、これは彼らが自分自身の制限された信念について認識すれば変わります。そうして、彼らは満たされたハートがすでにあることを発見するのです。

彼らの人生における出来事を通して、望んでいないエネルギーのレイヤー（層）がこの満足感を隠してしまいます。そして空っぽのハートがあると感じるようになってしまうのです。

本当は空っぽなのではなく、ただ不幸のレイヤーの下に隠れているだけなのです。

ハートメタを通して、このような人生や不幸な経験のレイヤーは取り除かれます。そうすることで、あなたは元々のあなた自身が実際は誰であるのか、もう一度知ることができるようになるのです。

私があなたを見れば、長年かけて積み重ねられたそれらのレイヤーを通して、あなたのハートを見ることができます。

そして私には、あなたのとても素晴らしい真髄が見えます。

私に、あなたのハートの声を、その美しい歌を歌うあなたの声を、あなたへ紹介させてください。

あとがき――ハートメタのゴール

ここまでこの本をお読みになって、ハートメタが何であるか、それによって成し遂げられる結果をいくつか知ることができたのではないでしょうか。

それでは、改めてハートメタのゴールとは何なのでしょうか？

あなたにとってのハートメタのゴールとは、本当のあなたが誰であるか誇りに思い、そしてこの地球という惑星での人生をお祝いすることです。

多くの人々が、いまだにこの地球での人生を楽しむことができずもがき苦しんでいます。ハートメタが、あなたが本当にこの地球が生まれ故郷であると感じ、そしてあなたのハートの中にすでに幸せが存在することを見つけ出す支援となりますように。

この地球を歩むすべての存在たちが、もがき苦しむことから自由でありますように。

謝辞

この本のアイディアが私たちの物質的世界の物へと創り出されるにあたり、終わりなき時間を費やし私に支援してくれたすべての方々へ愛と感謝を込めて。あなた方の支援なしでは、この本はいまだに単なるアイディアにすぎなかったでしょう。

私のエディターである西元啓子さんと、翻訳に支援してくれた丸山康恵さんに特別な感謝を捧げます。

そしてなんといっても、私が雑誌『スターピープル』のインタビューを受けた際、同席してくださり、私が話した内容について、それは一冊の本になると！　提案してくださった今井様に、私の最大の感謝を捧げます。あなたは今、私の長年の夢を現実にしてくれました。

著者プロフィール

サンドラ・スウィートマン
Sandra Itenson Sweetman

国際的なバックグラウンドに加えて、生まれ持った高い直感力を持つサンドラのヒーラー、教師、そして国際的なスピーカーとしての活躍は、彼女の人生経験から派生した自然の副産物である。

イングランドでトレーンングを受け、子どもを対象に理学療法士として 10 年勤務し、その後カナダへ帰国。理学療法士の仕事を続け、様々な様式のエネルギーワークトレーニングを開始、その結果、フィジカル（物理的なもの）からバイブレーション（振動性の）エネルギー療法へ移行。

セミナーに加え、ヒーラー達の個人トレーニングや弁護士・医師を含む一般の人々を対象にメンターシッププログラムも提供。ACEP エネルギー心理学学会（カナダ・アメリカ合衆国）、ライトランゲージ学会（アメリカ合衆国）、カナダ・ダウザーズ（ダウジングする人）学会（カナダ）、そして直近では ISSSEEM（アイシーム）学会（アメリカ合衆国）を含む開催地にて国際的に講演。

ISSSEEM はサトルエネルギーとエネルギー医療の研究を伴う国際的団体である。

現在サンドラは、個人クライアントへのセッション、セミナー、ワークショップを世界各地で実施。チャレンジングな問題解決に対する直接的な取り組み方を、理解しやすい方法で提供することで広く知られる。

サンドラとハートメタ（Heart Metta™）に関する情報については、こちらのホームページをご覧ください。

ホームページ：www.heartmetta.com/jp

(問い合わせ先)

サンドラの個人セッション、ワークショップ等についてのお問合わせは、こちらのメールアドレスへお願いいたします。

メールアドレス：infojp@heartmetta.com

ハートメタ

喜びとともに真実の自分を生きる！

●

2018 年 2 月 28 日　初版発行

著者／サンドラ・スウィートマン

監訳／丸山康恵

装幀／斉藤よしのぶ

本文 DTP ／山中 央

ライティング＆編集／西元啓子

発行者／今井博央希

発行所／株式会社ナチュラルスピリット

〒107-0062 東京都港区南青山 5-1-10 南青山第一マンションズ 602

TEL 03-6450-5938　FAX 03-6450-5978

E-mail　info@naturalspirit.co.jp

ホームページ　http://www.naturalspirit.co.jp/

印刷所／創栄図書印刷株式会社

ISBN978-4-86451-261-9　C0011

落丁･乱丁の場合はお取り替えいたします。

定価はカバーに表示してあります。